LA TORCHE TRIOMPHANTE

Manuel D'Ecole Du Dimanche Et D'Etude

TORCHE NUMERO 13

Rév. Renaut Pierre-Louis

Pour toutes informations regardant nos ouvrages et nos brochures évangéliques, adressez-vous à:

Peniel Southside Baptist Church
P.O. Box 100323
Fort Lauderdale, Fl 33310
Phone: 954-242-8271
954-525-2413
Fax: 954-623-7511
Website :www.penielbaptist.org
Website :www.theburningtorch.net
E-mail:renaut@theburningtorch.net
E-mail :renaut_cyrille@hotmail.com

Copyright le

Tous droits réservés @ Rév. Renaut Pierre-Louis

Attention : Il est illégal de reproduire ce livre en tout ou en partie sous quelque forme ou par quelque procédé que ce soit, électronique mécanique, photographique, sonore, magnétique ou autre, sans avoir obtenu, au préalable, l'autorisation écrite de l'auteur.

Les ouvrages dans les trois langues française, anglaise et créole, sont aussi disponibles chez :

Michel Joseph:
192-21 118 Rd   St Albans, N.Y. 11412
Phone: 917-853-6481   718-949-0015

Rév. Julio Brutus:
P.O. Box. 7612   Winter Haven, FL 33883
Phone: 863-299-3314 ; 863-401-8449

Rev. Edouard Georcinvil
725 NE 179th Terr N. Miami Bch, FL 33162
Phone: 305-493-2125

Rév. Evans Jules:
Eglise Baptiste Bethel
5780 W. Atlantic Ave
Delray Beach Fl 33444
561-452-8273   561-266-5957

Iliana Dieujuste
2432 Indian Bluff Dr
Dacula, GA 30019
Phone: 954-773-6572

Série 1

Mort Pour Les Péchés Non Pour Les Excuses

Avant-propos

Dans nos ateliers sur l'évangélisation, nous avons découvert qu'un grand nombre de pécheurs évoquent toutes sortes d'excuses pour ne pas obéir à l'Evangile. Rien d'étonnant. Chacun a ses feuilles de figuiers pour cacher sa nudité spirituelle. Aujourd'hui nous en énumérons certaines d'entre elles, les unes plus ridicules que les autres. Il vous faut cependant les connaitre pour ne pas vous sentir désarmés devant les trucs du malin, sachant qu'il s'en servira pour retenir les enfants de Dieu dans l'esclavage. Considérez cette série comme votre bréviaire de consultation avant d'entreprendre toute sortie missionnaire et que le Saint-Esprit soit votre guide !

Rev. Renaut Pierre-Louis

Leçon 1 D'où partent les excuses?

Textes pour la préparation: Mt.10:27; Lu.16: 29, 31; Jn. 1:40-42; 4:39, 42; 17:20; 19:6; Lu.19: 8-10; Ro.10:14-17
Versets à lire en classe: Jn.4:39-45
Verset de mémoire: Ce n'est pas pour eux seulement que je prie, mais encore pour ceux qui croiront en moi par leur parole. **Jn.17:20**
Méthodes: discours, comparaisons, questions
But: Montrer la nécessité d'ouvrir la bouche pour communiquer la parole.

Introduction
Serez-vous étonné d'apprendre que certaines excuses, de nature à éloigner les pécheurs de Dieu, viennent des gens qui se disent chrétiens? Ils disent que c'est inutile d'aller prêcher; on peut gagner les âmes par sa conduite. Au fond, ils ont peur de s'engager dans l'évangélisation. Qu'en dit la bible?

I. *On ne peut gagner les âmes par sa conduite*
1. Jésus avait la meilleure vie qui soit. Il n'a pas sauvé personne par sa bonne conduite. Même un gouverneur cruel comme Pilate en rendit un témoignage public: «Je ne trouve dit-il, aucun crime en cet homme». Jean.19:6
2. Il créa une opportunité pour se rendre coûte que coûte en Samarie en vue de **sauver la Samaritaine par le message**.
3. Cette femme de mauvaise vie a gagné toute une ville à Jésus, non par sa conduite reconnue exécrable[1], **mais par le message**. Jean.4:39 Les gens ont affirmé leur foi en Jésus parce qu'ils ont **entendu son message**. Jn.4:42

---

[1] Exécrable adj. Détestable

II. *Gagner les âmes est une question de confrontation et non d'observation.*
   1. Il faut que le messager passe le message. Romains.10:14-17
   2. Jésus s'obligea à visiter Zachée pour lui offrir le salut. Luc.19:8-10
   3. Dans la prière sacerdotale, Il pria pour les âmes qui seront gagnées par ses disciples *par sa parole* et non *par leur conduite.* Jean.17: 20
   4. Ensuite, il leur recommanda de prêcher sur les toits les messages qu'il leur délivre en privé. En d'autres termes, ils doivent prendre les antennes (radio, télévision, internet). Mathieu.10:27

III. *D'après un sondage récent, quarante-six pour cent des gens convertis le sont par l'évangélisation de personne à personne.*
   1. André amena son frère Pierre à Jésus non par sa conduite mais par le message. Jean.1: 40-42
   2. L'homme riche, en souffrance dans l'autre monde, supplia Abraham d'envoyer Lazare avertir ses frères de manière à leur éviter ce lieu de tourment. Abraham lui dit : Ils ont Moise et les prophètes pour les persuader[2]. Ce n'est nullement par la conduite des prophètes mais par le message. Lu.16: 29, 31
   3. Le message doit être verbalement prêché. Le silence donc n'est pas une option pour gagner les âmes.

Pourquoi?
C'est parce que la foi nous est communiquée par la prédication de l'Evangile et non par la bonne conduite des prédicateurs. Romains.10:17

---

[2] Persuader vt Convaincre

Conclusion

Au dernier jour il n'y aura pas de place ni de temps pour les excuses. Mettez-vous en chemin et allez à la conquête des âmes. Jésus y est déjà à vous attendre. Souvenez-vous qu'il était mort pour vous **en public**, ne célébrez-pas votre foi **en privé**. Point d'excuse!

Questions

1. D'où partent ordinairement les excuses?
   Des chrétiens qui craignent de s'aventurer dans l'évangélisation
2. Qu'est-ce qu'ils recommandent pour gagner les âmes?
   Le silence, la bonne conduite.
3. Comment la bible réfute-t-elle cette méthode?
   a. Il faut prêcher la parole directement aux pécheurs
   b. Il faut témoigner.
4. Vrai ou faux
   a. Jésus gagna les âmes par sa bonne éducation _V _- F
   b. La femme samaritaine repousse les âmes à cause de sa mauvaise vie. _ V _ F
   c. On gagne plus facilement les gens de sa catégorie _ V_ F
   d. La foi nous est communiquée par la prédication de l'Evangile _ V _F

Leçon 2 Des excuses du bigot[3]

Textes pour la préparation: Pr.27:1; Ecc.9:5-6; Mt.11:28; Lu.9:60; Jn.8:36; 14:27; 15:5; Ac.4:19-20; 5:29; Ro.14:12; 2Co.6:2; Gal.5:1; Ep. 5:22; 6:1; Heb.9:27; 1Pi.3:1

Versets à lire en classe: Jn.8: 31-36

Verset de mémoire: Si le Fils vous affranchit, vous serez réellement libre. Jn.8:36

Méthodes: Discours, comparaisons, questions

But : Déloger les bigots de leur bigoterie et les amener à Christ.

Introduction

Nous nous adressons aujourd'hui à un individu très pieux. Il croit par conviction que sa religion est la meilleure et la seule vraie. Et pour ne pas changer d'avis, il vient avec les excuses suivantes:

I. Des excuses basées sur une foi traditionnelle.

1. Il vous dit: «*Je veux rester fidèle à la foi de mes parents. Je les ai vus persévérer dans cette religion depuis mon enfance*».
    a. L'Evangéliste pourra bien lui dire: «Je serais de votre avis s'il s'agissait d'obéir à vos parents». Ephésiens.6:1
    b. Cependant, dans le domaine de la foi, le salut est personnel. Là, il faut obéir à Dieu plutôt qu'aux hommes. Actes.4:19-20; 5:29; Romains.14:12

---

[3] Bigot adj. Et n. Qui est préoccupé des seules formes extérieures du culte

II. **Des excuses basées sur un calcul personnel.**
   1. *Je me convertirai après la fête patronale de Saint Jean ou de Saint Jacques ou bien après ma première communion.*
       a. L'Evangéliste pourrait bien lui dire: «Votre présente résolution fait montre d'un consentement tacite[4] à l'Evangile. Mais savez-vous que la mort peut vous surprendre dans cet état? Pr.27:1
       b. Jésus ne sauve pas demain, mais aujourd'hui. Proverbes .27:1; 2Corinthiens.6:2; Hebreux.9:27
   2. *Je me convertirai après avoir rendu un «devoir» à l'âme de mon père, pour que le mort ne vienne pas me tourmenter.*
       R/ Lisez avec lui ces versets: Ecclésiaste .9: 5-6; Lu.9:60
       a. L'évangéliste pourra ajouter: «Christ vient vous mettre en liberté». Jean.8:36; Galates.5:1
       b. Il vous apporte la paix et le salut quelle que soit votre condition. Jean.14:27; Mathieu.11:28
   3. *Je me convertirai après mon mariage. Je ne veux pas devenir l'esclave d'un garçon.*
       L'Evangéliste doit savoir que certaines gens reculent leur décision de se convertir pour rechercher avant tout la protection des loas, des esprits.
       a. L'évangéliste pourra lui dire: «C'est dans la soumission d'abord à Dieu et ensuite à votre mari que votre mariage pourra s'épanouir.» Ephesiens.5:22; 1Pierre.3:1

---

[4] Tacite adj. Sous-entendu

b. Autrement, vous courrez le risque d'appartenir à une religion sans pouvoir entrer dans le royaume de la grâce de Dieu. Nous devons tous reconnaitre que nous sommes perdus et que sans Christ, nous ne pourrons rien faire. Jean.15:5 Le corps et l'âme doivent être tous sous la garde du grand Dieu. Ps.91:1

Conclusion

Fermons cette première parenthèse ; mais retenez que votre raisonnement ne vous sera d'aucun secours au jour du jugement. Donnez donc à Jésus l'accès à votre vie pour vous sauver de la perdition éternelle!

Questions

1. Que veut dire bigot? Un dévot, un religieux fanatique
2. Quel genre de foi professe-t-il? Une foi traditionnelle
3. Quelles sont ses raisons pour renvoyer sa décision?
    a. L'attachement aux saints patrons
    b. L'attachement aux morts
    c. La protection des esprits et des loas
    d. Un prétexte pour ne pas se donner à Christ.
    e. Un prétexte pour confirmer son incrédulité
4. Vrai ou faux
    a. On doit avoir l'approbation de ses parents avant de se convertir _V_ F
    b. On doit avoir l'approbation de son mari pour se convertir _V _F
    c. On doit protéger son corps avec la magie avant de se convertir. _V __ F
    d. Jésus et Jésus seul sauve __ V __F

Leçon 3 Des indécis

Textes pour la préparation: Mt.11:28; Jn. 1:12; 3: 3-17; Ac.4:12; 1Co7:12-15; 2Co. 5:17; 6:2; 1Thes. 5: 23-24; 1Tim. 5:24-25; He.9:27; Jude 24
Versets à lire en classe: 1Jn2:15-17
Verset de mémoire: N'aimez point le monde ni les choses qui sont dans le monde. Si quelqu'un aime le monde, l'amour du Père n'est point en lui. 1Jn.2:15
Méthodes : Discours, comparaisons, questions
But: Convaincre le pécheur de donner la priorité au salut de son âme.

Introduction
C'est intentionnellement que certaines gens persistent dans leur incrédulité. Il fait pitié de les entendre.

I. D'abord dans leur fausse conviction.
1. «*Tant que je vis avec cette femme, je ne me convertirai pas*».
   Il sous-entend qu'il vit avec elle en union libre et qu'il n'entend pas du tout se marier.
2. L'Evangéliste pourra lui dire: «C'est votre droit. Nul ne peut le nier. 1Corinthiens.7: 12-15. Quant au dédommagement à lui accorder avant de la délaisser, qu'il vous plaise d'en juger selon votre conscience. Sachez que l'âme de chacun de vous est précieuse devant Dieu. La mort n'est pas à date certaine. Dieu ne sauve pas demain. 2Corinthiens.6:2 ; Hébreux.9:27

II. Ensuite, dans une vie de tolérance et d'ignorance.
1. Tolérance par rapport à une vie immorale que l'Eglise ignore et qu'elle est loin de sanctionner. Ignorance du sacrifice de Jésus-Christ à la croix du calvaire pour leur salut. Jean.3:17; 1Timothée.5:24-25

2. *Il vous dira: «Il faut être d'abord un bon catholique pour devenir un bon protestant.»*
   a. L'Evangéliste pourra lui dire: «C'est peut-être vrai. Cependant, on peut être bon catholique ou bon protestant et aller ensuite en enfer. Alors on est perdu. Le salut ne vient d'aucune religion mais de la foi en Jésus-Christ. Jean 1:12
   b. La bible dit: «Si quelqu'un est en Christ, il est une nouvelle créature». 2Corinthien.5:17 Jean.3:3, 7, 16
   c. Le problème de notre salut est résolu à la croix du calvaire et non à partir d'une quelconque religion. Actes. 4:12
   d. Jésus dit: «Venez à moi et non à une religion». Venez avec vos fardeaux. Il sait comment vous en débarrasser. Mathieu.11: 28

III. **Dans une absence de conviction**
   1. Un pécheur vous dira: «*J'étais un adhérent à votre religion, mais j'ai abandonné. Je crains d'essayer encore et de commettre les mêmes erreurs*».
   L'évangéliste pourra lui dire:
      a. «Les mêmes causes produiront les mêmes effets»
      b. Satan sait très bien que vous n'avez pas assez de force pour combattre. Jésus vous demande de venir à lui tel que vous êtes. Mathieu.11:28
      c. Il vous suffit de croire en lui et il fera le reste. Lui seul peut vous préserver de toute chute. 1Thessaloniciens.5:23-24; Jude.24

Conclusion

Que le Saint Esprit dans sa mouvance, vous persuade de péché ; qu'il vous guide à la croix du calvaire en vue de confesser Jésus-Christ comme votre Seigneur et Sauveur.

Questions

1. Pourquoi certains maris renvoient-ils la décision de se convertir?
Ils veulent se séparer d'avec leur femme avant de se livrer à Jésus
2. Quelle religion sauve? Catholicisme or protestantisme ?
Aucune d'elles.
3. D'où vient le salut?
De la foi en Jésus-Christ
4. Vrai ou faux
   a. Venez à ma religion et vous serez sauvé ___V ___F
   b. La religion qui sauve n'existe pas ___ V ___F
c. Si vous mourrez dans une Eglise, vous irez directement au ciel ___V ___F
d. Jésus sauve les pécheurs repentants ___ V ___F
e. Jésus peut nous préserver de toute chute. ___ V ___F

Leçon 4 Des fanatiques

Textes pour la préparation Mt. 1:25; 13:55; Mc.6:3; Lu. 1:47; 2: 7; 23:43; Jn. 2:5, 12; 3:16; 5:39; 7:5; 10:28; 14:6; 17:3; Col.2:9
Versets à lire en classe: Jn.3:1-8
Verset de mémoire: Ne t'étonne pas que je 't'aie dit : il faut que vous naissiez de nouveau. Jn.3:7
Méthodes : Discours, comparaisons, questions
But: Amener le pécheur à faire comme Marie, c'est-à-dire à croire en Jésus comme son Sauveur.

Introduction
Certains vont plus loin que leur religion le recommande. Ils détestent les adeptes des autres religions. De là, ils ont assez d'excuses pour ne pas se convertir.

I. La première vient de leur ignorance
1. «**Je suis bien indigné d'entendre les protestants dire qu'ils sont sauvés.** *Qui peut le savoir dès ici-bas?*
   L'Evangéliste pourra le référer à la bible:
   a. Le salut est actuel. Jésus en parle au présent.
      Jean. 3:16; 5:39; 10:28; 17:3
   b. Le larron sur la croix a accepté Jésus in extremis. Jésus lui dit: «Aujourd'hui, tu seras avec moi dans le paradis». Luc.23:43
   c. Qu'il sache aussi que c'est une chose terrible que de tomber entre les mains du Dieu vivant.
      Hébreux. 10:31

III. La deuxième vient de leur bigoterie mêlée d'ignorance

1. *De leur bigoterie:*

   Je hais les protestants parce qu'ils parlent de La vierge Marie avec dédain, même ils déclarent qu'elle avait d'autres enfants.

   a. L'Evangéliste demandera à son interlocuteur s'il croit que la Bible est la Parole de Dieu. Si oui, il pourra alors l'ouvrir et lire avec lui (elle) dans n'importe quelle version de la bible.
   Marie dit de sa bouche qu'elle «reconnait Jésus comme son Sauveur». Luc.1:47
   Seules les âmes perdues reconnaissent leur besoin d'un Sauveur. Marie en est une.
   De plus, elle croit en son pouvoir divin. Jean.2:5

2. *De leur ignorance de la Vérité biblique:*

   a. Marie avait certes d'autres enfants. Jésus en était le premier-né suivi d'au moins sept autres d'après les Evangiles. Luc.2:7
   b. Joseph n'a connu Marie qu'après la naissance de Jésus. De là sont nés: Jose, Jacques, Joseph, Jude, Simon et des filles. Mathieu. 1:25; 13:55; Marc.6:3; Jn.7:5
   c. Il faut les distinguer de ses disciples. C'étaient Pierre André, Jacques, Jean, Philippe, Barthélémy, Mathieu, Thomas, Jacques fils d'Alphée, Simon le Zélote, Jude fils de Jacques et Judas Iscariote. Lu. 6: 14; Jean.2:12
   d. Ainsi, Jésus est fils aîné de Marie selon la chair, fils unique de Dieu selon l'Esprit, parfaitement homme et parfaitement Dieu. Colossiens.2:9

Conclusion

Fermons cette parenthèse en leur disant que le salut ne dépend pas de nos sentiments. Le salut ne vient ni de la religion ou de nos préférences. Nul ne vient au Père que par moi, dit Jésus. Jean.14:6

Questions

1. Quand est-on sauvé?
   Dès qu'on croit et accepte Christ comme son Sauveur
2. Pourquoi la vierge Marie reconnait-elle en Christ son Sauveur?
   Parce qu'elle est née dans le péché comme tout le monde.
3. Combien d'enfants Marie avait-elle? Au moins huit
4. Pourquoi ne peut-on prendre les disciples pour frères de Jésus? Ils étaient distincts.
5. Citez 5 frères de Jésus: Jose, Jacques, Joseph, Jude, Simon
6. Citez 5 disciples: Pierre, Barthelemy, Jacques, André, Jean
7. Vrai ou faux
   a. Jésus était le premier-né de Marie selon la chair .__V __F
   b. Jésus-Christ était le Fils de Dieu par l'opération du Saint Esprit. __V __F
   c. Le bon larron est allé au purgatoire __ V __F
   d. Jésus sauve aujourd'hui __V __F

Leçon 5 Des religieux hostiles[5]

Textes pour la préparation: Mt.11:28-29; Mc. 8:35-36; Lu.9:49-50; Jn.3:16; Ro14: 1-12; 1Cor.11:19
Versets à lire en classe: Ro.14: 7-12
Verset de mémoire: Ainsi, chacun de nous rendra compte à Dieu pour lui-même. Ro.14:12
Méthodes: discours, comparaisons, questions
But: Porter le pécheur à se faire souci de son état de perdition

Introduction
Comme si tout était à blâmer chez les adhérents des autres religions! Voulez-vous en écouter davantage?

I. Première opinion:
«*Pourquoi tant d'Eglises. L'Eglise Catholique est une*».
L'Evangéliste se permettra d'avancer ceci:
1. On adore dans un milieu suivant son goût, sa langue, sa culture, son éducation et son milieu social. Mais tout cela n'a rien à voir avec votre condition de pécheur. Il faut même qu'il y ait des sectes. Qui n'est pas contre moi est pour moi, dit Jésus.
Luc.9: 49-50; 1Corinthien.11:19
2. Par ailleurs, l'Eglise catholique est **une** mais non l'**unique**. Nous en connaissons trois:
    a. L'Eglise catholique **orthodoxe grecque** ayant à sa tête un patriarche;
    b. L'Eglise catholique **apostolique romaine** ayant à sa tête un pape;
    c. L'Eglise catholique **apostolique non romaine** ou l'Eglise épiscopale ayant à sa tête un synode[6] d'évêques.

---

[5] Hostile adj Qui manifeste de la désapprobation
[6] Synode nm. Ensemble des évêques réunis pour délibérer sur les affaires générales de l'Eglise.

Soit dit en passant, cette objection se pose seulement pour l'Eglise. Jamais vous ne direz: «Pourquoi tant de magasins, de restaurants et d'hôtels?» L'Evangéliste ajouterait ceci: «Tous les soucis pour votre religion et votre milieu social sont inutiles au salut de votre âme». Invitez-le à lire: Marc.8:35-36

II. Deuxième opinion
1. «*Le protestantisme est le repaire des malfaiteurs*».
D'accord dira l'Evangéliste. Jésus nous l'avait déjà dit dans la parabole des dix vierges dont cinq d'entre elles étaient folles. Autant dire que l'Eglise peut avoir autant de bons que de mauvais chrétiens. Mathieu 25:1-13
Jésus ne nous appelle pas à une religion mais à lui. Mathieu.11:28

2. «*L'Eglise est remplie d'hypocrites*.
Sans vouloir polémiquer, l'évangéliste pourra bien dire: «Mieux que cela. On peut y ajouter les prostituées comme cette femme Samaritaine, les voleurs comme Zachée et Judas, les criminels comme les larrons sur la croix pour ne citer qu'eux». L'Eglise est comme un hôpital. Les vrais pécheurs y viennent uniquement pour se soigner et non pour relever une liste de pécheurs avec leurs péchés. Venez à Christ avec votre fardeau et non avec ceux des autres. Au dernier jour, on rendra compte à Dieu seulement pour soi-même.
Mathieu.11:28; Romains.14:12
La plus grande gloire de Christ c'est de sauver le plus vil pécheur. 1Timothee.1:15 Il va les utiliser pour amener à lui les pécheurs de leur catégorie. Tous sont qualifiés pour le suivre et le servir. C'est pourquoi il les appelle tous. Mathieu 11:28

III. Troisième opinion

«Je ne me convertirai jamais car un protestant m'a fait un grand tort. Que personne ne vienne ici pour me tromper»

Un protestant? répliquera l'Evangéliste, mais pas le Christ. Usons d'un peu de bon sens. Que me diriez si je disais:
a. «Je n'irai jamais au marché car un acheteur m'avait piétiné.»
b. «Je n'amènerai jamais ma voiture au garagiste car un jour, un de ses clients m'avait injurié».
c. «Je n'irai jamais à l'hôpital car un jour, un malade est décédé en ma présence.»
d. Je n'irai jamais au consulat pour un visa parce que je connais un consul qui donne trop de refus.

On peut aligner une infinité d'inepties[7] qui n'ont rien à voir avec votre vie personnelle. En d'autres termes, le prétexte n'est pas valable. Au fait, qu'est-ce que vous blâmez de Christ? Lisez Jean.3:16; Mathieu.11:28-29

Conclusion

Avant de fermer cette parenthèse, je dirais à notre interlocuteur que Satan va le féliciter pour cette position qui n'a d'autre fin que d'endurcir son cœur et l'éloigner du salut gratuit offert par Jésus-Christ.

---

[7] Ineptie nf. Sottise, bêtise, niaiserie

Questions

1. Pourquoi Dieu n'est-il pas contre les sectes? Qui n'est pas contre lui est pour lui.
2. Citez les Eglises Catholiques que vous connaissez et dites qui les dirige.
   a. L'Eglise Catholique orthodoxe grecque dirigée par un patriarche
   b. L'Eglise Catholique apostolique non romaine ou l'Eglise Episcopale dirigée par un synode d'Évêques.
   c. L'Eglise Catholique apostolique romaine dirigée par un pape.
3. De quoi se compose l'Eglise de Jésus-Christ?
   De tous les gens fatigués et chargés de leur péché.
4. Qu'est-ce-que les critiques attendent d'eux? La perfection
5. A qui Dieu va-t-il demander des comptes au dernier jour?
   Chacun rendra compte à Dieu pour lui-même.

Leçon 6 Des chrétiens comme il faut

Textes pour la préparation: Lu.9: 23; Jn.19:30; Ac.4:12; Ep.2:8-10; Ro.3: 10, 23; Gal.2:20; Phil.2:13; Ep. 2:1-10; 3:20; 1Tim.1:15; Heb.2:3

Versets à lire en classe: Ep. 2: 8-10

Verset de mémoire: Car c'est par la grâce que vous êtes sauves, par le moyen de la foi, et cela ne vient pas de vous, c'est le don de Dieu. Ep.2:8

Méthodes : discours, comparaisons, questions

But: Montrer au pécheur que le prix de son salut est déjà payé et qu'il n'a qu'à accepter Jésus-Christ comme son Sauveur personnel.

Introduction
Nous appelons «chrétiens comme il faut», les partisans du salut par les œuvres. Voyons leurs arguments devant la Bible.

I. Première liste d'arguments:
1. *Nos bonnes œuvres suffisent pour nous sauver.*

   R/ La bible déclare que «Nous sommes sauvés par grâce, par le moyen de la foi». Le salut est en Jésus-Christ et en Jésus-Christ seul. Actes.4:12; Ephesiens.2:8 Ce n'est point par les œuvres afin que personne ne se glorifie. Dès notre conversion, Dieu a déjà préparé les œuvres qu'il nous faut pratiquer. Nul ne peut venir à Christ et lui imposer son agenda. Ephesiens.2:8-10

2. *Seuls les innocents seront sauvés. Pour moi je n'ai jamais fait de mal.*

   R/ La bible déclare que Dieu sauve seulement les pécheurs repentants. Il n'y a point de juste, pas même un seul. Romains.3: 10, 23; 1Timothée.1:15

3. *Pour être sauvé, il suffit de faire le bien et d'éviter le mal.*
R/ Dieu ne nous invite pas à choisir entre le bien et le mal. Il nous invite à porter notre croix et à le suivre. Luc.9:23
Le prix de notre salut est déjà payé à la croix du calvaire. Jean.19:30 Le mal condamnable c'est d'avoir méprisé un si grand salut offert gratuitement par Jésus-Christ. Hébreux. 2:3

II. Deuxième liste d'arguments

Dieu est si bon, si j'observe au moins un des dix commandements, je serai sauvé.
R/C'est là encore, la recherche du salut par les œuvres. A part Jésus-Christ, nul n'a pu aimer Dieu de tout son cœur, de toute son âme, de toute sa pensée et son prochain comme lui-même.
1. C'est pourquoi Dieu nous sauve par grâce. Cessez donc vos efforts. Au lieu de **faire vous-même**, laissez Dieu **faire en vous.** Galates. 2:20; Philippiens.2:13
2. Il fera même par sa puissance qui agit en nous au-delà de ce que nous pouvons imaginer. Ephésiens.3: 20

Conclusion

La terre ne peut et ne pourra rien pour vous au dernier jour. Le salut de l'homme vient du ciel. Pensez Dieu. Pensez ciel.

Questions

1. Qu'entendons-nous par « Chrétiens comme il faut»?
   Des chrétiens qui croient au salut par les œuvres.
2. Combien de bonnes œuvres nous faut-il faire pour mériter le ciel? Aucun.
3. Pourquoi ?
   Parce que le prix de notre salut est payé par la mort de Christ sur la croix du calvaire.
4. Pourquoi dites-vous que les innocents ne seront pas sauvés?
   Parce qu'il n'y a point d'innocent. Tous ont péchés et sont privés de la gloire de Dieu.
5. Pourquoi ne peut-on pas évoquer l'observance des dix commandements pour le salut?
   Notre salut ne dépend pas de nos efforts, de nos œuvres, mais de l'œuvre de Christ sur la croix.
6. Vrai ou faux
   a. Dieu doit considérer les biens que j'ai faits à mon prochain. __V__F
   b. Dieu doit soustraire mes mauvaises œuvres de mes bonnes œuvres pour m'accorder le ciel _-V __ F
   c. Dieu est amour, ainsi tous iront au ciel. __V __F

Leçon 7 Des bâtards[8] intellectuels

Textes pour la préparation: Ps. 8:3; 37:5; 53: 3-4; Mt. 5:21-22; 7:13; 10:40; Jn.3:16; Ac.4 4,13; Ro.12:19; 1Cor. 1:26-31; Heb.2:3; 1Jn.3:14
Versets à lire en classe: 1Co.1:26-31
Verset de mémoire: Mais Dieu a choisi les choses folles du monde pour confondre les sages; Dieu a choisi les choses faibles du monde pour confondre les fortes. 1Co.1:27
Méthodes : discours, comparaisons, questions
But: Montrer au pécheur que son salut ne dépend pas de la compétence du prédicateur mais de l'acte expiatoire de Christ sur le Calvaire.

Introduction
Plusieurs rateront le train en partance pour le ciel à cause du temps perdu à rechercher vainement les arguments pour confondre les simples. Le Psalmiste David les désapprouve pour leur manque d'intelligence. Psaume.53: 3-4 ; Romains.3:11

I. Caractéristique de leur manque d'intelligence:
Le Psalmiste dit: Nul n'est intelligent, nul ne cherche Dieu. Tous sont égarés, tous sont pervertis. Il n'en est aucun qui fasse le bien. Psaume.53:3-4

II. Ils viennent avec des arguments sans fondement.
1. Voyez la manière arrogante d'un interlocuteur:
   «*Vous n'êtes pas préparé pour me prêcher l'Evangile. Introduisez-moi de préférence à votre pasteur*».
   a. L'Evangéliste n'hésitera pas à lui dire: Certes, vous changerez de langage quand Dieu vous attirera. Jean.6:44 Pierre par exemple, n'était pas pasteur. Il

---

[8] Bâtard adj Qui n'a pas de caractère tranché. Qui n'est pas bien formé.

était plutôt un homme du peuple sans instruction. Actes.4: 4, 13 Le Saint Esprit l'a utilisé pour amener 3000 âmes au Seigneur. C'était des pèlerins de plusieurs pays du globe. Ils n'étaient pas des ignorants.
    b. C'est le propre de Jésus d'utiliser des simples pour confondre les savants. 1Corinthiens.1:26-29
    c. Pour entrer dans le royaume de Dieu, il nous faut être petit parce que la porte du salut est étroite. Mathieu.7:13
    d. Après tout, allez-vous tenir ce langage devant un agent de police venu pour vous arrêter ? Il ne vient pas de lui-même mais au nom du gouvernement. Ainsi il en est du prédicateur, il vous adresse au nom de sa Majesté, le Seigneur Jésus-Christ. Mathieu 10:40

2. Il pourrait se fier à sa propre justice.
Il vous dit que la justice de Dieu est trop lente.
    a. Je n'en disconviens pas, mais elle est sûre et profite au coupable. La justice de Dieu est un reflet de sa sainteté et de son amour. Il punit le péché mais il sauve le pécheur car Christ a subi la pénalité à notre place. Jean.3:16
    b. La justice de l'homme peut être empreinte de partialité et n'a pas une juste mesure. Dieu dit «A moi la vengeance, à moi la rétribution.» Ro.12:19 Vous feriez bien de l'attendre car vous êtes plus coupable envers Dieu que le frère l'est envers vous. N'augmentez pas vos chefs[9] d'accusation par la destruction de votre frère. Psaume.37:5
    c. Jésus vous attend à la croix du calvaire pour vous convaincre qu'il a payé de son sang le pardon de vos péchés. Allez-vous demander à Jésus de

---

[9] Chef d'accusation DR. Point capital sur lequel porte l'accusation

descendre de la croix pour y clouer votre frère? La charité bien ordonnée commence par soi-même. A vous de monter le premier.1Jean.3:14
3. Troisième arguments :
Tous les membres d'une famille ne doivent pas se convertir. Il faudra toujours quelqu'un disposé à exercer la vengeance, si besoin est.
R/ Vous ne faites que consacrez votre condamnation et mépriser le grand salut offert gratuitement par le Seigneur. Hébreux.2:3
Dieu condamne et l'acte et les intentions criminelles car l'intention vaut l'acte. Mathieu. 5:21-22

Conclusion
Sachez que Dieu utilise les choses simples pour confondre les sages, pour imposer silence à l'ennemi et aux vindicatifs. Psaume.8: 3; 1Corinthiens.1:28-29

Questions

1. Pourquoi n'a-t-on pas besoin d'être pasteur pour prêcher l'Evangile?
   a. Les apôtres n'étaient pas des pasteurs; Ils ont gagné le monde à Christ.
   b. Dieu aime choisir les choses folles du monde pour confondre les sages.
2. Avec quelle autorité va –ton prêcher l'Evangile?
   Avec l'autorité du Saint-Esprit.
3. Pourquoi ne doit-on pas exercer la vengeance?
   Il appartient à Dieu seul de l'appliquer.
4. Pourquoi Dieu punit-il nos intentions cachées?
   Parce que l'Intention vaut l'acte.

Leçon 8 Des traditionalistes

Textes pour la préparation: Ps. 33:18-19; 34: 8; 91: 1,7; 121:3-8; 139:5; Esa.43: 3-5; Mc.16:18; Lu. 10:19; 15:10; 16: 26-31; Ac.1:8; Ro. 1:20; 8:1; 10 :17; 1Cor.6:2; 1Thess.4:1; 1Jn.5:19
Versets à lire en classe: Ep.4:17-19
Verset de mémoire: Telle voie parait droite à un homme, mais son issue, c'est la voie de la mort. **Pr.14:12**
Méthodes : discours, comparaisons, questions
But: Convaincre le pécheur de choisir Christ pour sa protection

Introduction
Il s'agit ici de ceux qui croient trouver dans leur religion la sécurité pour leur corps et leurs biens. Nous allons vous les présenter en trois catégories:

I. Première catégorie: les insouciants
Des gens qui donnent libre cours à une vie sans frein sous prétexte *qu'ils ont leur ange gardien pour les protéger.*
R/
1. Qu'ils sachent que seul le croyant est protégé parce qu'il vit à l'ombre de la croix. Psaume.91:1, 7; Romains.8:1
2. Qu'ils sachent que le saint patron qu'ils invoquent est encore dans la tombe dans l'attente de la résurrection. 1Thessaloniciens. 4:1
3. Qu'ils sachent que le monde sans Dieu est sous la puissance du malin. 1Jean5:19
4. Qu'ils sachent que les anges gardiens sont là pour exercer un ministère en faveur de ceux qui doivent hériter du salut. A votre conversion, ils se réjouissent. Luc.15:10 mais cette conversion se fera quand vous obéissez à la parole. Romains. 10:17

II. Deuxième catégorie: les indépendants

Ils vous disent : « *Si je dois être sauvé, je n'ai besoin de personne pour me prêcher. Dieu viendra lui-même me parler.* »

1. Dieu vous a déjà parlé par la conscience, par la nature et par la Bible. Vous êtes inexcusable, dit la bible. Romains.120
2. Priez pour que vous soyez parmi ceux qu'il attire. Jean 6 :44
3. Il envoie les apôtres et les chrétiens du monde entier comme ses témoins pour annoncer le message du salut. Actes.1:8
4. Ils viennent à vous avec l'autorité du Saint-Esprit pour vous conduire dans toute la vérité. Si vous persistez dans votre incrédulité, ces chrétiens vous jugeront à la fin du monde. 1Corinthiens.6:2

III. Troisième catégorie: les mystiques[10]

Ils vous disent *qu'on ne peut se convertir sans avoir au préalable cherché une protection des forces mystiques.*

L'Evangéliste pourra lui dire:
1. Qui vous protégeait dans le sein maternel? Dieu ou Satan?
2. Dieu n'a jamais demandé de l'aide à Satan quand il s'agit de garder son enfant.
3. Ouvrez la bible avec lui et lisez ces versets : L'Eternel est celui qui te garde jour et nuit. Il gardera ton âme. Il gardera tes entrées et sorties. Psaume.121: 3-8
4. Il a les yeux sur ceux qui le respectent pour satisfaire à leurs besoins urgents. Psaume.33:18-19

---

[10] Mystique nm   Qui concerne les mystères de la religion

5. Dieu les entourent par devant, par derrière et il met la main sur eux. Il campe autour d'eux. Ps.34 :8 ; 139 :5
6. Dieu a trop investi en eux pour les livrer à la mort. Esaie.43: 3-5
7. Jésus leur donne la puissance sur l'ennemi et rien ne pourra les nuire. Luc.10:19
8. La puissance du Saint-Esprit en eux neutralise les effets désastreux des poisons violents. Marc. 16:18

Conclusion

Dieu ne fait jamais de faute et il n'est jamais en retard.
Acceptez Jésus comme votre Seigneur et Sauveur.

Questions

1. Avons-nous tous un ange gardien? Oui
   Quel est son rôle ? Remplir un ministère auprès de ceux qui seront sauvés.
2. Pouvons-nous en ce cas faire ce que nous voulons ? Non
3. Quelle est la condition spirituelle du monde ? Il est sous la puissance du malin.
4. Pourquoi nous faut-il un messager pour nous prêcher l'Evangile?
   Parce que Dieu délègue ses représentants pour annoncer l'Evangile.
5. D'où vient la protection du chrétien? De Dieu qui le garde.
6. Pourquoi Dieu nous garde-t-il?
   Parce qu'il a dépensé gros pour nous avoir.
   Il a sacrifié Jésus-Christ comme le prix payé pour notre salut.

Leçon 9 Des récalcitrants[11]

Textes pour la préparation: Nob.18:26; De.14: 24-26; Ps.1: 1,5; Agg.1: 3-11; Mal.3: 8-10; Mt. 16:19; 18: 10; Mc.8:35; Jn.20:23; 1Cor.9:13-14
Versets à lire en classe: 1Cor.9:7-14
Verset de mémoire: De même aussi, le Seigneur a ordonné à ceux qui annoncent l'Evangile de vivre de l'Evangile. 1Cor.9:14
Méthodes : discours, comparaisons, questions
But : Rappeler aux pécheurs que les fautes ou les défauts d'autrui ne justifient personne.

Introduction
Nous appelons récalcitrants, les pécheurs rebelles à la parole de Dieu. Pour distraire les gens de leur mauvais comportement, ils s'épuisent à exagérer les fautes ou les défauts des serviteurs de Dieu.

I. Les détracteurs[12] des pasteurs
Ecoutons l'un d'eux: *Je ne me convertirai jamais, car les pasteurs s'enrichissent aux dépens des fidèles.*
L'Evangéliste dira:
1. Vous n'êtes pas le premier à avancer cette opinion. Malheureusement, elle ne fait que dénoncer votre pauvreté.
2. Dans l'Ancien Testament, Dieu exige au peuple d'Israël de remettre la dîme à la maison de l'Eternel. Elle revient de plein droit aux responsables du temple, aux enfants de Lévi.
   Nombres.18:26; Deutéronome 14: 24-26 Malachie. 3:10
   a. Toute dérogation à ce principe entraine la malédiction sur le peuple.
   Aggée. 1:3-11; Malachie. 3:8-9

---

[11] Récalcitrant adj. Rebelle, désobéissant, indomptable
[12] Détracteur nm Opposant, adversaire, contradicteur

b. Dans le Nouveau Testament, le Seigneur déclare, par la bouche de l'apôtre Paul, que l'ouvrier est digne de son salaire et il ordonne que ceux qui prêchent l'Evangile doivent vivre de l'Evangile. 1Corinthiens.9: 13-14
c. Pourtant, ces détracteurs admettent une juste rétribution au médecin, à l'avocat, à l'homme d'affaire, à l'ingénieur... à tous les travailleurs, tandis qu'ils dénient au serviteur de Dieu un salaire équitable. Cette opinion dénote un esprit impur. Malachie 3:9
d. Jésus nous met en garde de mépriser ces serviteurs car leurs anges dans les cieux voient constamment la face de Dieu. Mathieu.18:10

II. Les détracteurs des fidèles

Ils déclarent que «des gens d'Eglise sont médisants. Pour un rien, ils vous appellent au comité de discipline».

L'Evangéliste rectifiera: C'est un préjugé à rejeter. Ce comité est là pour vous aider dans vos besoins spirituels et non pour vous juger.

Sachez que ce qu'il décide sur la terre, Jésus le ratifie dans le ciel. Si vous n'êtes pas d'accord, adressez la question à Jésus. Mathieu. 16:19; Jean.20:23

III. Les moqueurs

Il est commun de les entendre dire: «*Si votre pasteur me donne une maison, une voiture, un chèque substantiel, je me convertirai*».

L'Evangéliste ne va pas perdre de temps avec de tels gens. Il leur dira tout simplement qu'ils demandent trop peu pour leur âme. Le pasteur ici est une fausse adresse. Vaut mieux aller à la croix du calvaire. Ils verront que le prix payé pour leur âme n'est pas comparable à une auto, une maison et un chèque. Marc.8:35

Au Psaume premier, la bible nous défend de rester en compagnie des moqueurs. Car ils seront comme la paille que le vent dissipe et ne pourront résister au jour du jugement. Psaume.1:1, 5

Conclusion

Il y a un prix à payer pour toutes choses. Gare à vous de subir les peines de l'enfer pour votre moquerie, car c'est une chose terrible que de tomber entre les mains du Dieu vivant. Hébreux.10: 31

Questions

1. Qui appelons-nous récalcitrants?
   Les gens rebelles à la parole de Dieu et qui en même temps dénigrent les serviteurs de Dieu.
2. A qui Dieu avait-t-il destiné les dîmes dans l'Ancien Testament?
   Aux sacrificateurs et aux lévites.
3. Que recommande l'apôtre Paul dans ce même esprit?
   Ceux qui prêchent l'Evangile, doivent vivre de l'Evangile.
4. Quelle doit être la réaction de l'Evangéliste face aux moqueurs?
   a. Il faut lui dire que son âme vaut plus que ce qu'il espère du pasteur.
   b. Il vaudra mieux pour lui d'aller à la croix du calvaire.
   c. Au fait, l'Evangéliste ne doit pas s'attarder auprès de ces gens.

Leçon 10 Des bigots aveugles

Textes pour la préparation: Esa. 11:1-2; Mt.16:18; Mc. 16:16; Lu.2:21-24; 3:21-23; Jn.14: 6; Ac.2 :38; Ep.4:17-18; 1Pi.3:21
Versets à lire en classe: Mt.28:16-20
Verset de mémoire: Celui qui croira et qui sera baptisé sera sauvé, mais celui qui ne croira pas sera condamné. Mc.16 :16
Méthodes : discours, comparaisons, questions
But: Ouvrir les yeux des pécheurs sur la dernière volonté du Seigneur

Introduction
Nous regardons avec infiniment de peine, ces braves paroissiens encore éloignés de la lumière de l'Evangile. Ils croient au formalisme du culte comme la garantie de leur salut, à cause de l'ignorance qui est en eux. Ephesiens.4:17-18 Essayons de les émerger de deux erreurs:

I. La **Première**
«J'ai fait ma première communion, j'ai reçu le sacrement de confirmation par l'imposition des mains, l'onction du saint chrême[13] et le soufflet de l'évêque, partant j'ai le Saint-Esprit comme vous».
Je n'en disconviens pas. Mais allons seulement à l'évidence.
1. La première hérésie est le baptême des enfants. Pourquoi?
   a. Jésus nous envoie faire des disciples et les baptiser après. En effet, que peut-on enseigner à un bébé dans ses langes pour en faire un disciple? Mt.28: 19-20.
   b. La bible dit: «Celui qui **croira** et qui sera baptisé, sera sauvé.» Un bébé peut-il **croire**? Marc.16:16
   c. Le baptême est un engagement d'une bonne conscience. 1Pierre. 3:21 Un bébé a-t-il déjà une

---

[13] Saint Chrême. Huile bénie mêlée de baume utilisée pour le sacrement de confirmation dans l'Eglise Catholique

conscience pour prendre un engagement? Non, mille fois non.
   d. Jésus nous donne l'exemple: Il fut présenté au temple après huit jours de naissance. Il fut baptisé à l'âge de trente ans. Etes-vous plus chrétien que le Christ? Luc.2: 21-24; 3:21-23
   e. A la confirmation on vous a fait répéter: «J'engage ma promesse au baptême; *Mais pour moi d'autres firent serment.* Dans ce jour, je vais parler moi-même. Je m'engage aujourd'hui librement». On vous fait accroire que le confirmé reçoit sept dons du Saint Esprit à la cérémonie, savoir: Le don d'intelligence, de crainte de Dieu, de piété, de science, de force, de conseil et de sagesse. Esa.11:1-2

Avez-vous ici le Saint-Esprit pour parader? Sinon, êtes-vous prêt à aller et chasser les démons, guérir les malades, détruire les humforts?

Allez à la Bible et renseignez-vous auprès des apôtres sur la manière de recevoir le Saint-Esprit. Actes.2:38

Il faut: la repentance, la conversion, la foi, le pardon des péchés enfin le baptême avant de pouvoir recevoir le Saint Esprit. Ce n'est donc pas une marotte[14] ni l'affaire des bébés, mais la puissance de Dieu pour la transformation des vies.

---

[14] Marotte nf. Fam. Idée fixe , manie

II. La Deuxième
Le vrai pasteur de l'Eglise c'est notre Saint Père le Pape

C'est faux! Le vrai pasteur de l'Eglise c'est Jésus-Christ. Lui-même il a dit: «Je suis le bon berger. Je bâtirai mon Eglise.» Mathieu. 16:18; Jn.10:11

Jésus est notre Souverain Pontife. (Du latin pontifex, pontificis, pont) Jésus est le seul pont de connexion entre nous et le ciel, entre l'homme et Dieu. « Nul ne vient au Père que par moi», dit-il. Jean.14:6.

Conclusion
Le salut ne vient pas du Vatican ni de la Maison Blanche. Le salut vient du sacrifice de Christ pour nous sur le bois du calvaire. Jésus vous y attend pour le confesser comme Seigneur et Sauveur.

Questions

1. Pourquoi ne baptisons-nous pas les enfants?
    a. Parce que la bible ordonne le baptême seulement aux croyants instruits sur la doctrine du Seigneur.
    b. Parce qu'il faut du croyant un engagement d'une bonne conscience.
    c. C'est enfin une décision personnelle.
2. Quelles sont les conditions requises pour recevoir le Saint Esprit ?
    Il faut d'abord la foi et la repentance chez le pécheur en vue du pardon de ses péchés, et ensuite le baptême évangélique au nom du Père, du Fils et du Sant Esprit.
3. Que faire du soufflet de l'Evêque? Cette pratique n'est ni biblique, ni évangélique ni théologique
4. Qui est le vrai pasteur de l'Eglise? Jésus-Christ

Leçon 11 Des matérialistes

Textes pour la préparation: Ge.2 :15; 13:5-6; 33: 8-9; 1Chr.29:1-5; 2Chr. 9: 13-28; Ps. 24:1; 103:2 ; Mc. 8:34-38; 10:21, 24; Lu. 9:23; 12:18-21; 16:22-31; Jn.10:10
Verset à lire en classe: Mc.8:34-38
Verset de mémoire: Et que sert-il à un homme de gagner tout le monde, s'il perd son âme? **Mc.8:36**
Méthodes : discours, comparaisons, questions
But: Focaliser[15] l'attention du pécheur sur son urgent besoin de salut.

Introduction

L'apôtre Paul déplore la condition de ceux qui marchent en ennemi de la croix de Christ. Ils ont pour dieu leur ventre. Ils mettent leur gloire dans ce qui fait leur honte. Ils ne pensent qu'aux choses de la terre. Philippiens 3:18-19 Leur façon de penser les identifie. Au fait, qui sont-ils?

I. Ce sont les dénigreurs

Ecoutons-les «*Je ne peux me convertir car la condition économique des protestants est pire que la mienne.*»
Ici, je vais plus loin: la condition économique de l'homme riche n'avait rien de comparable à la misère du pauvre Lazare.
Mais leur sort était différent, une seconde après la mort. Luc.16: 22-31
Jésus n'avait jamais promis de richesse ici-bas ni la pauvreté non plus. Il vous dit de prendre votre croix et de le suivre. Luc.9:23

---

[15] Focaliser vt. Concentrer sur un point précis

II. Ce sont ensuite les viveurs
«Je ne peux pas me convertir car l'Evangile est contre la richesse.»

R/ La richesse peut être un obstacle au salut si on croit y attacher son cœur. Cependant, Abraham, David, Salomon, Jacob, Esaü pour ne citer qu'eux, étaient extrêmement riches. Et dans notre monde contemporain Letourneau, Colgate, Coleman étaient des chrétiens très riches mais ils mettaient leur richesse au service de Dieu. Genèse. 13:5-6; 33:8-9; 1Chronique.29: 1-5; 2Ch.9:13-28

III. Ce sont aussi les détracteurs
Si l'Evangile est si bon, disent-ils, pourquoi tant de misère dans le monde?»

R/
1. La misère est la conséquence de nos péchés. Dieu n'en est pas l'auteur. Au contraire, il a créé le monde avec toutes ses richesses pour le bien-être de l'homme.
2. C'est notre responsabilité de les exploiter et de lui en rendre compte. Genese.2:15
3. Jésus vient nous offrir la vie en abondance. Jean.10 :10
4. Nous devons utiliser notre intelligence et nos talents pour réussir.
5. En tant que gérants privilégiés de Dieu, nous devons :
   a. Rendre gloire à Dieu pour ses biens. Ps.103: 2
   b. Aider les plus pauvres selon nos moyens. Marc.10:21
   c. Mettre notre confiance en Dieu et non dans nos richesses. Marc.10: 24
   d. Savoir que nous en avons *l'usus, le fructus et non l'abusus*; c'est-à-dire le **droit d'usage, de jouir des fruits** mais **jamais le droit de propriété** car à l'Eternel la terre et ce qu'elle renferme. Psaume 24:1

Si vous croyez autrement, Dieu peut vous déposséder et vous rappeler même au milieu de votre jouissance. Luc. 12:18-21
Que le salut de votre âme soit votre préoccupation! Mc.8:36

Conclusion

Cessez de vous faire illusion sur les richesses d'ici-bas.
Acceptez Jésus comme votre Sauveur. Il a pour vous les choses les meilleures.

Questions

1. En quoi les matérialistes mettent-ils leur confiance ?
   Dans les biens de la terre
2. Qu'est-ce-que Jésus nous offre pour le suivre? La croix.
3. Citez nous des gens riches par la main de Dieu.
   Abraham, David, Salomon, Jacob, Esau, Job
4. Pourquoi Dieu n'est-il pas responsable de la misère dans le monde?
   a. Parce qu'il a distribué les richesses à travers le monde.
   b. Parce qu'il en a remis la gérance à l'homme.
   c. Parce qu'il lui a donné l'intelligence pour les exploiter et les partager avec son prochain.
5. Comment Dieu entend-il que nous gérions ces biens
   En mettant à l'esprit que nous en avons l'usage mais que le droit de propriété lui reste.

Leçon 12 Les égarés

Textes pour la préparation: Pr.24:12; Esa. 1:18; 55:8; Mt.11:28; Lu.5: 20; Jn.14:6; 1Cor. 15:32; Ep.3:20; Phil.2:13; 4:13; Heb.9:27; 1Jn.1:6-7; Jude 24
Versets à lire en classe: Jn.14: 1-6
Verset de mémoire: Je suis le chemin, la vérité et la vie. Nul ne vient au Père que par moi. Jn.14:6
Méthodes : discours, comparaisons, questions
But: Montrer au pécheur que la sincérité en une religion est vaine. Jésus seul garantit le salut.

Introduction
Certaines gens auraient pu trouver leur chemin; mais faute de direction, ils sont égarés sur leur route. Soyez leur lumière. Les voici:

I. Quelqu'un dit: «*J'ai essayé mainte fois mais j'ai failli.*»
1. Si vous aviez passé par la porte de la religion, des bonnes œuvres, ou l'opinion des hommes, il ne fait pas de doute que vous ayez failli et que vous failliriez encore. Jude 24
2. Jésus dit:» Venez à moi et non au prêtre ou au pasteur. L'Eglise, qu'elle soit catholique ou protestante, ne peut vous décharger du fardeau de vos péchés. Mathieu.11:28
3. Cessez vos efforts. Tout est accompli pour vous à la croix du calvaire. Jésus peut produire en vous le vouloir et le faire selon son bon plaisir. Philippiens.2:13; 4:13
4. Par son Saint Esprit, il pourra faire en vous et pour vous au-delà de ce que vous demandez ou pensez. Ephesiens.3:20
5. Finalement, il peut vous préserver de toute chute. Jude. 24

II. *Tous les chemins mènent à Rome.*
   1. Vos pensées ne sont pas mes pensées et vos voies ne sont pas mes voies, dit l'Eternel. Esaie.55:8
   2. Telle voie parait droite à un homme mais son issue c'est la voie de la mort. Proverbes. 14:12
   3. Christ dit: Venez à moi et non au prêtre, au pasteur ou à l'Eglise. Mathieu.11:28
   4. C'est vrai que vous récitez chaque jour «Notre Père qui es cieux.»; mais, sachez que vous êtes fils d'Adam, chassé du paradis. Pour aller au Père, il faut passer par Jésus, le Fils unique du Père. Nul ne vient au Père que par lui. Jean.14:6
   5. Sachez que le ciel et l'enfer sont des réalités. L'homme riche et Lazare auraient pu vous en dire long. Lu.16: 22-26

III. **Les épicuriens**
   1. Ceux-là vous disent qu'il n'y a rien après la mort. Mangeons, buvons car demain nous mourrons. 1Corinthiens.15:32
   2. Dites-leur qu'après la mort vient le jugement. Hebreux.9:27
   3. Il n'y a pas de purgatoire sinon le sang de Jésus qui nous purge de tout péché quand nous l'acceptons comme notre Seigneur et Sauveur. 1Jean.1: 6-7

IV. *Je n'irai pas au ciel car j'ai commis un péché mortel.*
   R/
   1. Vous admettez alors que votre conscience est chargée. Jésus dit: Venez à moi vous qui êtes chargés et fatigués. Je vous donnerai du repos. Mathieu.11:28
   2. Le premier soin de Christ au pécheur qui vient à lui est le pardon de ses péchés. A votre tour, **venez à lui**. Luc.5:20
   3. Si vos péchés sont rouges comme le cramoisi, ils deviendront blancs comme la neige. Esaie.1:18

4. Le sang de Jésus est efficace pour vous purifier de **tout** péché. 1Jean.1:7
5. Venez à lui. Il promet d'accueillir tous ceux qui viennent à lui. Jean 6:37

Conclusion
Ne négligez pas un si grand salut. La plus grande gloire de Dieu est de sauver le plus vil pécheur. Venez à Lui!

Questions

1. Qui sont ici les égarés?
   Les gens qui croient dans le salut par la religion, dans les bonnes œuvres ou dans leurs propres pensées.
2. Qu'est-ce qui fait croire à une vie après la mort?
   a. Jésus l'a affirmé dans la parabole du riche et du pauvre Lazare
   b. Il est mort et est ressuscité et nous offre la même possibilité.
   c. Il faut un jugement pour les rebelles et des récompenses pour les serviteurs de Dieu
3. Qu'est-ce que Dieu offre au plus vil pécheur ?
   Le pardon des péchés moyennant la repentance et la foi au Sauveur.
4. Pourquoi appelons-nous Dieu «notre Père qui est aux cieux.»?
   C'est à cause de l'adoption que nous bénéficions en acceptant Christ comme notre frère et Sauveur.

Récapitulation des versets

1. Ce n'est pas pour eux seulement que je prie, mais encore pour ceux qui croiront en moi par leur parole. Jn.17 :20

2. Si le Fils vous affranchit, vous serez réellement libre. Jn.8 :36

3. N'aimez point le monde ni les choses qui sont dans le monde. Si quelqu'un aime le monde, l'amour du Père n'est point en lui. 1Jn.2 :15

4. Ne t'étonne pas que je 't'aie dit : il faut que vous naissiez de nouveau. Jn.3 :7

5. Ainsi, chacun de nous rendra compte à Dieu pour lui-même. Ro.14 :12

6. Car c'est par la grâce que vous êtes sauves, par le moyen de la foi, et cela ne vient pas de vous, c'est le don de Dieu. Ep.2 :8

7. Mais Dieu a choisi les choses folles du monde pour confondre les sages ; Dieu a choisi les choses faibles du monde pour confondre les fortes. 1Co.1 :27
8. Telle voie parait droite à un homme, mais son issue, c'est la voie de la mort. Pr.14 :12

9. De même aussi, le Seigneur a ordonné à ceux qui annoncent l'Evangile de vivre de l'Evangile. 1Cor.9 :14

10. Celui qui croira et qui sera baptisé sera sauvé, mais celui qui ne croira pas sera condamné. Mc.16 :16

11. Et que sert-il à un homme de gagner tout le monde, s'il perd son âme ? Mc.8 :36

12. Je suis le chemin, la vérité et la vie. Nul ne vient au Père que par moi. Jn.14 :6

Série 2

La discipline de Jésus-Christ

Avant-propos

Tous les commentateurs de la vie de Jésus-Christ sont unanimes[16] à reconnaitre que sa moralité était au-dessus de tout soupçon. Il nous laisse un testament vierge sur sa conduite et n'a pas hésité d'opposer à tous cette déclaration formelle: «Qui me convaincra de péché?» Faisons une enjambée à deux millénaires en arrière, à travers les quatre Evangiles pour découvrir un Jésus à l'œuvre dans tous les milieux, à toutes les heures et dans diverses circonstances. Après cela, je vous compterai au nombre des Jurés[17] pour avoir votre opinion sur l'homme de Galilée, le sacrifié de Golgotha.

Rev. Renaut Pierre-Louis

---

16 Unanime adj Se dit de personnes qui sont de même avis

17 Juré nm. Citoyen désigné par voie de tirage au sort pour participer au jury d'une cour d'assise

Leçon 1 Sa discipline dans les relations de famille

Textes pour la préparation: Mt.17:1; Mc.1:35-39; 3:20-21; Jn.19: 27; 20:7-18; 1Co.14:33
Texte à lire en classe: Mc.1: 32-39
Verset de mémoire: Vers le matin, pendant qu'il faisait encore très sombre, , il se leva et sortit pour aller dans un lieu désert où il pria. **Mc.1:35**
Méthodes: Discours, discussion, comparaisons, questions
But: Avoir une notion de bonne manière à observer chez soi et en public.

Introduction
La Bible parle de Jésus comme d'un Dieu d'ordre et de paix. 1Cor.14:33   Comment va-t-il le prouver?   Restons en sa compagnie pour quelques minutes.

I. Dans ses sorties matinales
1. Nous sommes à l'aube du jour. Jésus laissa en silence sa maison à Capernaüm pour se diriger vers un lieu de prière. Mc.1:35
2. Il prend toutes les précautions pour ne réveiller personne de leur sommeil. C'est seulement quand il fit jour, qu'on a pu remarquer son absence et c'est alors qu'on est allé à sa recherche. «Tous te cherchent», diront-ils. Mc.1: 37

   A votre réveil le matin, combien de personnes ne sont t'elles pas dérangées pour rien ?

II. Dans l'éthique familiale
1. Il ne s'incline pas devant les sentiments de famille.
   Une fois hors de la maison,
   a. il n'accepte pas de manger sur la rue, même s'il a faim. Mc.3: 20

      b. Il ne laissera pas souffrir ses clients pour aller prendre un repas. Mc.3:20-21
      A cause de cela, ses parents sont mécontents. Ils disent qu'Il a perdu la raison. Mc.3:21
  2. Avant de mourir, il remet sa mère aux bons soins de Jean, à la fois son disciple et son compagnon de prière. Mt. 17: 1; Jn.19:27
  3. Quand il doit se lever parmi les morts, il ne laisse pas la tombe en désordre. Au contraire, Il fait son lit avant de partir. Jn .20:7
     Quel est votre comportement au réveil, à table et sur la rue?

III. **Dans l'éthique divine.**

Son premier devoir après sa résurrection n'était pas de braver Pilate ni de dialoguer avec personne, mais d'aller rendre compte au Père céleste des résultats de sa mission. Jn. 20:15-18

Etes-vous préoccupé à vous venger de vos ennemis personnels au lieu d'accomplir votre devoir?

Conclusion

Pensons au respect dû aux gens de notre milieu. Accomplissons notre tâche avec prestige et sans faiblesse. On se souviendra de nous quand nous aurons laissé la planète.

Questions

1. Combien de personnes sont-elles obligées de se lever au moment où Jésus se réveille? Aucune

2. Comment le prouver? Tous se mirent à sa recherche. Personne n'a été conscient de sa sortie.

3. A quel point considère-t-il les soins d'urgence à donner à ses patients?
   a. Il ne s'arrête pas de travailler pour aller prendre un repas.
   b. Même s'il a faim, il ne mange pas sur la rue.

4. Comment ses parents blâment-ils alors son comportement? Ils disent qu'il est fou.

5. Quel fut son plus grand geste envers Marie avant de mourir ?
   Il la remit publiquement aux soins de Jean son compagnon de prière.

6. Vrai ou faux?
   Jésus ne dort jamais. __V _ F
   Il mange en cachette. __ V __ F
   Etant sur la croix, il remit sa mère aux soins de Jean __ V __ F
   A sa résurrection, il provoqua Pilate. ___ V __ F
   Après sa résurrection, son premier devoir était d'aller rendre compte au son Père de sa mission

Leçon 2 Sa discipline à table

Textes pour la préparation: Mt.20:28; Jn.6:-1-15, 48; 1Co.12 : 8-10, 28: 13 : 3; Ep.4:11
Texte à lire en classe: Jn.6: 5-13
Verset de mémoire : Lorsqu'ils furent rassasiés, il dit à ses disciples: Ramassez les morceaux qui restent afin que rien ne se perde. **Jn.6: 12**
Méthodes: discussion, discours, comparaisons, questions
But: Suggérer la meilleure discipline à observer quand on doit recevoir de nombreux invités.

Introduction
Quelle que soit votre grand faim vous n'avez aucune excuse pour perdre votre contrôle au réfectoire ou à la salle de réception. Jésus vient de le souligner aux disciples:

I. **Vous devez d'abord faire asseoir les gens. Jn.6: 10-11**
   1. Pour les servir avec respect et dignité.
   2. Pour qu'ils prennent du temps en vue d'apprécier la valeur et la saveur des aliments.
   3. Pour éviter du désordre dans la distribution.

II. **Ensuite, invitez-y le ciel par une prière sensée**. Jn.6: 11
   1. Dieu y mettra alors ce que la terre n'a pas:
   2. Il transformera vos aliments par une bonne digestion.
   3. Il vous nourrira même si votre ration est très maigre.
      a. Jésus fait servir le pain **d'abord**. Pourquoi? Le pain est le symbole du corps de Jésus-Christ. Si vous n'avez pas son corps en vous, vous n'avez pas sa vie en vous. Il est le pain de vie. Mt.20:28; Jn.6: 11, 48
      b. Il fait servir les poissons **ensuite**. Pourquoi? Le poisson est le symbole des âmes cachées sous l'océan impénétrable des ténèbres du péché et qu'il nous faut pêcher. Si vous êtes vraiment membres du corps de Christ, c'est votre rôle d'aller les sauver. Jn.6: 51

III. **Jésus nous exhorte à éviter le gaspillage.** Jn.6:12
   1. Vous devez servir les aliments en proportion du nombre de convives.[18] Dans le cas contraire, le surplus doit être conservé. Après tout, les cinq pains et les deux poissons suffisaient au jeune garçon. Ainsi, le pain distribué aux milliers venait du ciel. C'est un don de Dieu. On ne doit pas le gaspiller. Jn.6:12
   2. Les cinq pains symbolisent cinq ministères de Dieu pour développer l'Eglise, savoir:
      Le ministère des apôtres, des prophètes, des évangélistes, des pasteurs et des docteurs. Ep.4:11
   3. Les douze paniers symbolisent douze dons disponibles à l'Eglise. Si l'un d'eux manque, priez le Seigneur pour qu'il nous l'envoie. 1Co.12: 8-10, 28: 13: 3
   4. Les poissons sont les âmes à gagner par l'évangélisation

IV. **Il n'attendait pas ni les compliments ni les élections** pour se faire nommer roi. D'ailleurs il n'était pas candidat. Ce serait encore une perte de temps. Jésus ne gaspille rien. Jn.6:15
   Nos fêtes, nos réceptions sont souvent des gabegies parce que tout le monde veut être servi en même temps. Nous ne faisons pas asseoir d'abord les convives.

Conclusion
Leaders, mères de famille, montrez-vous fermes dans les salles de réception. Acceptez de servir avant d'être servi. Vous serez plus lucide pour maitriser la foule et achever la partie avec satisfaction.

---

[18] Convive nm personne qui prend part à un repart avec d'autres

Questions

1. Quelle était l'ordre de Jésus aux disciples avant de servir les gens à manger? Faites-les asseoir.

2. Pourquoi?
   a. Pour mieux compter le nombre de convives
   b. Pour les porter à mieux apprécier leur repas
   c. Pour mieux les servir
   d. Pour éviter le désordre

3. Quand bénit-il le repas?
   Quand les gens étaient tous assis

4. Pourquoi agit-il ainsi?
   a. Le miracle ne peut se produire dans le désordre
   b. Le vrai pain que va manger la foule viendra du ciel.
   c. On doit avoir du respect pour tout ce qui vient d'en-haut.
   d. Dieu va y mettre ce que la terre ne peut produire.

5. Que représente le pain? Le corps de Jésus-Christ qu'il distribue à tous.

6. Que représentent les poissons?
   Les âmes qu'il nous faut gagner après avoir reçu le corps de Jésus-Christ dans notre vie.

7. Pourquoi Jésus déteste le gaspillage? Parce que notre pain quotidien vient de son Père.

8. Transcrivez les noms des 12 paniers d'après 1Co.12:8-10, 28 et 13: 3
9. Transcrivez les noms des divers ministères d'après Ep.4:11

Leçon 3 Sa discipline dans le respect de l'heure

Textes pour la préparation: Mt.24: 44; 25:13; Jn.2:3-4; 7:4-8; 14:3; Ac.1: 4-7; Ro.5:6
Texte à lire en classe: Jn.7: 1-9
Verset de mémoire: Jésus leur dit: mon temps n'est pas encore venu, mais votre temps est toujours prêt. **Jn.7: 6**
Méthodes: discussion, comparaisons, questions
But : Montrer que Jésus n'est jamais trop pressé pour agir au point d'oublier de prier.

Introduction
Le temps est une notion de l'éternité. Le temps est mesurable. Jésus fait tout sur mesure.

I. Il n'est pas intimidé par Marie ni par les besoins dans le temps.
1. Aux noces de Cana en Galilée, les mariés connurent une carence de vin. Quand Marie l'apercevait elle se désola et criait à Jésus: «Ils n'ont plus de vin!» Face à cette urgence, Jésus lui disait froidement: « Mon heure n'est pas encore venue.» Ainsi pour urgent que soit le cas, rien ne va l'empêcher de prier avant de prendre toute décision. Jn. 2: 3-4

II. Il n'est pas intimidé par ses frères.
1. Ils veulent le persuader de se rendre en Judée. Jn.7:4
2. Ils savaient très bien que la mort l'y attendait. Jn7: 1-3
3. Vous avez votre temps, j'ai aussi le mien. Mais le mien n'est pas encore venu, leur dira-t-il. En d'autres termes, il attend l'ordre du Père. Jn.7: 6,8
4. D'ailleurs, il n'ira pas à la fête en leur compagnie
   a. Parce qu'ils avaient des intentions criminelles comme jadis les frères de Joseph. Nous sommes frères, il est vrai, mais nous avons des limites. Ge.37: 18-20

b. Parce que leurs conversations et leur comportement n'avaient rien de spirituel pour plaire à Jésus. Jn.7:1-3

III. **Il n'est pas intimidé par les apôtres soucieux pour un gouvernement terrestre.** Ac.1:7
   1. Ce n'est pas à vous de connaitre les temps et les moments que mon Père a fixés de sa propre autorité. Ac.1:7
   2. Il leur dit de rester à Jérusalem pour attendre ce que le Seigneur a promis. Ac.1:4

IV. **Dans son plan il est venu au temps marqué mourir pour des impies.** Ro.5:6
   1. Il reviendra nous chercher en son temps. Jn.14:3
   2. Il n'indique ni le jour ni l'heure. Il n'a pas de montre mais Il n'est jamais en retard. Il nous dit: «Soyez prêts». Mt. 24:44; 25:13

Conclusion

Soumettez-lui vos besoins dans le temps et attendez. Il est fidèle; il répondra certainement, mais à son heure.

Questions

1. Montrez que Jésus n'agit pas sous la pression de personne
   a. Il refusa d'obéir à Marie sa mère tant qu'il n'a pas consulté son Père qui est aux cieux.
   b. L'urgence aux noces de Cana ne pouvait le paniquer. Il a la solution
   c. Il ne céda pas aux pressions de ses frères qui voulurent l'exposer à un voyage risqué en Judée.
   d. Il repousse vertement le penchant des apôtres pour un gouvernement terrestre.
   e. Ce qui est urgent pour vous ne peut paniquer Dieu.
   f. A tous, il dira qu'il a son heure.
2. Quel danger menaça ce mariage à Cana? Le père de la mariée pourrait citer l'époux au tribunal en le traitant d'incapable et de farceur.
3. Donnez les raisons majeures qui obligeaient Jésus à fausser compagnie à ses frères.
   a. Ceux-ci ne croyaient pas en lui.
   b. Ils allèrent à une fête religieuse avec des pensées meurtrières dans leur cœur contre leur propre frère.
   c. Leur conversation charnelle contrastait avec l'attitude de communion de Jésus avec son Père.
4. Dites sur quelle horloge fonctionnent Jésus et les hommes
   a. Les hommes fonctionnent sur l'horloge du temps
   b. Jésus n'a pas d'horloge.
   c. Il fonctionne d'après le principe de l'éternité.
   d. Il n'est jamais en retard.

Leçon 4 Sa discipline dans le respect de la hiérarchie[19]

Textes pour la préparation: Mt. 3:13-15; 6:9; 12:24; Lu.7 :30; 10:37b; 23:31; Jn.3:3-7; 4:6; 5:19; 8:29; 10:31; 11:39, 44; 19: 28, 30; 1Ti. 2:5

Texte à lire en classe: Jn.7:14-18

Verset de mémoire: Si quelqu'un veut faire sa volonté, il connaitra si ma doctrine est de Dieu ou si je parle de mon propre chef. **Jn.7: 17**

Méthodes: discours, comparaisons, questions

But: Tant qu'il vit dans ce corps, Jésus veut nous donner l'exemple de soumission à la volonté du Père.

Introduction

Les prérogatives[20] divines de Jésus-Christ émerveillent la foule et font réfléchir même Nicodème, un docteur de la Loi. Pourtant il ne s'impose pas de manière à faire impression. Il préfère vivre avec nous et en nous. Jn.3: 3,7

I. **Il oblige Jean à le baptiser pour le respect des principes.** Mt.3:13-15

   En effet, Jésus n'avait pas besoin de ce baptême puisqu'il n'est pas un pécheur. Il avait voulu par son exemple, condamner l'hostilité des pharisiens et des sadducéens qui contestaient le baptême de Jean. Voilà pourquoi il annule le plan de Dieu en leur faveur. Lu.7:30

II. **Il ne fait pas pour vous ce que vous pouvez faire vous-mêmes.**

   1. Débrouillez-vous Marthe pour ôter la pierre Jn.11:39,44

---

[19] Hiérarchie nf Classement des pouvoirs dans un groupe social selon un rapport de subordination

[20] Prérogatives nf Privilèges attachés à certaines fonctions, a certains titres

2. Au fait, vous devez contribuer avec votre foi pour que le miracle soit possible.

III. Il **ne fait rien sans consulter son Père. Il est dans le Père et le Père est en lui.**
   1. Quand il fait tout ce qui est agréable au Père, il n'obéit qu'à lui-même car il ne peut se trahir.
   2. Il veut nous donner un exemple d'obéissance à exercer tant que nous sommes dans ce corps.
   3. Il nous faut être conséquent avec nous-mêmes avant de demander aux autres de nous suivre. Jn.8:29

IV. **Etant sur terre, il accepte d'opérer sur deux dimensions.** Une dimension physique et une dimension spirituelle. Ceci, c'est pour nous donner un exemple.
   1. Dans sa dimension physique: il souffre de la soif, de la faim, de la fatigue, des humiliations, des persécutions et va jusqu'à la mort. Lui, le bois vert très résistant, a connu des tribulations, que dire de nous?
   Mt.12: 24; Lu.23:31; Jn.4:6; 10:31; 19: 28, 30
   2. Dans sa dimension spirituelle:
      a. Il fait ce qu'il voit faire au Père. Jn.5:19
      b. Il part du concret vers l'abstrait, du visible vers l'invisible, du connu vers l'inconnu.

      Ainsi quand les cinq pains et les deux poissons seront épuisés, la provision pour cinq mille hommes sans compter les femmes et les enfants est déjà «dédouanée» grâce à sa médiation entre le fini et l'infini, entre Dieu et les hommes. 1Ti.2:5

Il lui suffit donc de prier sur une chose pour changer sa dimension et sa destination. Et tout cela, parce qu'il se soumet à «notre Père qui est aux cieux». Et toi, vas et fais de même! Qu'est-ce-qui t'en empêche? Mt.6:9; Lu.10:37b

Conclusion

Respectons la hiérarchie afin de mieux travailler en équipe pour le bien du plus grand nombre et pour la plus grande gloire de Dieu.

Questions

1. Trouvez les vraies réponses
   Jésus se fit baptiser
   a. Parce qu'il avait commis un péché que Jean seul connaissait.
   b. Pour donner un exemple à tous.
   c. Pour montrer que tous les hommes doivent accepter le message de repentance de Jean
   d. Pour enlever toute excuse aux récalcitrants.
2. Pourquoi demanda-t-il à Marthe d'ôter la pierre sur la tombe de son frère?
   a. Jésus ne va pas faire pour vous ce que vous devez faire vous-même.
   b. Vous devez contribuer avec votre foi pour rendre le miracle possible.
3. Avait-il des raisons pour dépendre de la volonté du Père?
   a. Il obéit à lui-même en obéissant au Père. Il est lui aussi le Père.
   b. Il ne peut se trahir lui-même.
   c. Tant que nous sommes dans ce corps, Il nous faut prêcher l'exemple d'obéissance avant de demander aux autres de nous suivre.
4. Comment expliquer la fonction de Jésus sur deux dimensions?
   a. Il fonctionnait sur une dimension physique: Il connait tous les stades de notre vie jusqu'à la mort.
   b. Il fonctionnait sur une dimension spirituelle: Il agit d'après son Père et part toujours du visible vers l'invisible, du connu vers l'inconnu, du fini vers l'infini.

Leçon 5 Sa discipline dans le travail

Textes pour la préparation: Mc.1:35-40; 7:24-30; Lu. 4:38-42; 5:1-3; 6:12-13; 10:1
Texte à lire en classe: Lu.4: 38-44
Verset de mémoire: Après le coucher du soleil, tous ceux qui avaient des malades atteints de diverses maladies les lui amenèrent. Il imposa les mains à chacun d'eux et il les guérit. **Lu.4: 40**
Méthodes: discussion, comparaisons, questions
But : Montrer comment la discipline de Jésus dans le travail prévoit aussi un temps de vacance.

Introduction
Jésus ne mâche[21] pas ses mots quand il dit «qu'il est venu s'occuper des affaires de son Père.» Lu.2: 49.

I. Il commençait d'abord par la prière
1. Dans la perspective d'une journée copieuse. Mc.1:35
2. En vue du choix de ses disciples il se livra en prière dans une «veille de nuit.» Lu.6:12-13

II. Il travaillait sans relâche malgré sa sobriété.
1. Il guérissait la belle-mère de Pierre d'une fièvre violente. Immédiatement, celle-ci lui prépara à manger. Lu. 4:38-39
2. Avec ce seul repas, il va commencer à guérir les malades dans la salle d'urgence (emergency room) depuis le coucher du soleil jusqu'au matin. Lu. 4:39-42
3. Dès que le jour parut, au lieu d'aller se coucher, Il alla dans un lieu désert assurément pour un répit[22]. Peine perdue! Tout le monde est à sa recherche. Lu.4: 42

---

[21] Mâcher ses mots Expr. Dire crûment son opinion
[22] Répit nm Repos

III. Il diversifiait son ministère
Après les séances de guérisons:
1. Il sortit pour prêcher la bonne nouvelle du royaume de Dieu dans d'autres villes. C'était, dit-il, la raison de sa venue dans le monde. Lu.4:43
2. Il prêcha en plein air, au bord du lac de Génésareth et partout, dans les bourgades voisines, dans les synagogues et par toute la Galilée'
Mc. 1:38-39; Lu.5:1-3
3. Il chassa les démons. Mc1 :39

IV. Mais il prévoyait le répit pour ses étudiants.
Mc. 6: 30-31
1. Il cherchait un lieu de méditation pour ses compagnons de prières. Mt.17:1-3
2. Il prévoyait des heures de répit pour son équipe d'évangélisation. Mc. 6:30-31
3. C'était de justesse qu'il agréa la demande de la femme syro-phénicienne[23] à ce moment-là car il voulait jouir de ses vacances. Mc.7:24-30
4. Dans le but d'être seul pour se recueillir, il délégua les disciples dans des lieux où il devait se rendre lui-même. Lu.10: 1

Conclusion
Jésus approuvera nos heures de loisirs pourvu qu'il les préside. Invitons-le donc.

---

[23] Syro phénicienne à double nationalité, syrienne et phénicienne

Questions

1. Comment Jésus comprend-il sa stratégie[24] de travail?
    a. Il commence par le jeûne et la prière
    b. Ensuite, il choisit ses compagnons de prière et de travail
    c. Enfin il sort pour enseigner et prêcher.
2. Montrez que Jésus était sobre.
    a. Après le souper que lui servit sa patiente, la belle-mère de Pierre, il passa toute une nuit debout à guérir les malades dans la salle d'urgence
    b. Dès la pointe du jour, au lieu d'aller se coucher, il alla prêcher dans les bourgades et les synagogues
3. Comment considère-t-il l'hygiène dans l'éducation?
    a. Il prévoit des jours de congé pour sa classe.
    b. Il prévoit des heures de recueillement pour ses compagnons de prières.
    c. Il prévoit des moments pour être seul.
4. Pourquoi voulut-il esquiver la femme syro-phénicienne?
    a. Pour nous montrer que nos heures de congé doivent être respectées.
    b. Pour nous montrer la nécessité de l'hygiène mentale[25]
    c. Néanmoins, il laissera momentanément ce congé pour sauver une âme.
5. Comment Jésus voit-il nos pique-niques? Un saint divertissement pourvu qu'il y soit invité.

---

[24] Stratégie de travail   Expr. Coordination du travail
[25] Hygiène mentale Expr. Règles observées pour protéger la santé mentale

Leçon 6 Sa discipline dans son ministère sociale

Textes pour la préparation : Mt. 10: 5-7; 11:28; Mc.2:15; Lu. 5:29-30; 12:38-42; 18:35-43; 19:7-10; 23: 39-43; Jn.2:12; 3:1-7; 4:6-7
Texte à lire en classe: Mc.2:15-17
Verset de mémoire: Ce ne sont pas ceux qui se portent bien qui ont besoin de médecin, mais les malades. Je ne suis pas venu appeler des justes, mais des pécheurs. **Mc.2: 17**
Méthodes: discussion, comparaisons, questions
But: Montrer que le Dieu Sauveur n'a pas de préjugé.

Introduction
Si vous voyez en Jésus un homme retiré du monde, vous le connaissez très mal. Comment fera-t-il briller sa lumière s'il n'est pas au milieu d'eux? Voyons-le au sein de cette réalité.

I. Il répond à toutes les invitations
1. Il participa aux noces des amis de Marie à Cana. Jn.2: 1-2
2. Il participa à un banquet chez Lévi (Mathieu). Mc.2: 15
3. Il mangeait très souvent chez Marie et Marthe de Béthanie. Lu.12:38-42

II. Il accueillit tous les hommes
Il les appelle tous publiquement. «Venez à moi vous tous qui êtes fatigués et chargés…. Mt.11:28 Pourquoi?
1. Certaines gens sont refusés par la société à cause de leur inconduite ou leur basse origine. Lui, il retire l'indigent du fumier. 1Sam.2:8
2. D'autres sont pris pour des quantités négligeables. Ils n'ont pas d'assistance sociale, d'assurance de vie et des biens. Ce sont des pauvres mendiants et des vauriens.
3. Jésus les appelle tous car ils ont tous une âme à sauver. Ro.3:23; 6:23

4. Il les utilisera pour gagner les gens de leur classe. Ce sont:
   a. **Les humbles**: Les publicains, les gens de mauvaise vie, les prostituées, les aveugles et les mendiants. Tous seront bienvenus dans sa compagnie. Il accepte jusqu'à leur attention. Il fait de la place à ceux qui n'étaient pas invités à diner comme lui. Lu.5:29-30
   Cependant, quand il devait converser avec la femme samaritaine, il arrangea l'audience en plein air et en plein jour pour protéger sa réputation. Jn.4: 6-7
   b. **Les intellectuels:** Il passa toute une bonne partie de la nuit à instruire Nicodème un rabbin juif, sur les choses spirituelles. Jn. 3: 1-7
   c. **Les gens sans nom**: Il a du temps pour un mendiant aveugle comme Bartimée, tout comme pour Zachée, un homme sans réputation. Lu.18:35-43; 19:7-10
   d. **Il accepta de recevoir les grecs.** C'était en ce temps-là une dérogation[26] au principe judaïque. Les juifs n'ont pas de relation avec les païens ni les samaritains. Mt. 10:5-7
   e. **Sur la croix, il fit le dialogue avec un voleur.**
   Lu. 23: 39-43

Conclusion

Si vous avez des préjugés de couleurs, de race ou de connaissance, n'allez pas me faire croire que vous êtes plus chrétien que le Christ. Vous feriez bien de rabaisser[27] le ton.

---

[26] Dérogation nf Restriction
[27] Rabaisser le ton Expr. Réduire l'autorité, l'influence de

Questions

1. Comment peut-on voir Jésus au sein de la société?
   a. Il participe à leur fête
   b. Il répond à leur invitation à diner.
   c. Il mange même avec les gens de rien.
2. Jésus était-il démocrate ou républicain? Il était les deux.
   a. Il s'intéresse à tous pour les sauver tous.
   b. Il s'intègre dans la société sans préjugé ni discrimination.
   c. Il accepta les attentions des prostituées tout comme l'aide économique des supporteurs.
   d. Il paya les impôts et les taxes dus à l'Etat.
3. Pourquoi s'intéresse-t-il à tout le monde?
   a. Parce qu'il aime tout le monde.
   b. Il vient pour sauver tout le monde.
   c. Il a payé le même prix pour sauver le monde.
   d. Avec les gens de toutes les catégories, il est susceptible de gagner les gens de toutes les catégories.
4. Quel conseil peut-on donner aux racistes?
   a. Il leur est temps de rabaisser le ton.
   b. Jésus aime tout le monde pour les sauver tous
   c. Le salut de Jésus-Christ est offert à tous.
5. Citez des gens auxquels Jésus s'intéresse
   Les humbles, les intellectuels, les prostituées, les mendiants, les rebus de la société, les païens, tout le monde enfin.

Leçon 7 Sa discipline dans l'exercice de ses droits civiques

Textes pour la préparation : Mt. 13: 53-58; 17:24-37; 22:17-21; Lu. 19:10; 20:25; Jn. 1:12; 3:16; 4:22; 6:32-33; 18:36; Ac. 13:46; Ro. 1:16; 11:24
Texte à lire en classe: Mt. 17: 24-27
Verset de mémoire: Rendez donc à César ce qui est à César et à Dieu ce qui est à Dieu. **Lu.20:25**
Méthodes: discussion, comparaisons, questions
But: Montrer l'intégration de Jésus-Christ dans la vie civique d'Israël

Introduction
Il n'y a pas un moment de la durée où Jésus néglige de s'identifier à sa nation.

I. En bon citoyen, il respecte les droits civiques.
1. Il paie les impôts et encourage les disciples à en faire autant. Mt.17:24-27
2. Il encourage aussi les disciples à payer les taxes au gouvernement romain de qui leur pays était tributaire[28]. Mt. 22: 17-21

II. Il évite de concentrer son ministère en un seul lieu.
1. Car nul n'est prophète dans son pays. Mt. 13: 53-58
2. Le ciel est sa limite. Jn.8:23
3. Il déborde la dimension humaine et nous offre aussi une patrie céleste. Jn. 6: 32-33; 18: 36
4. Il prêchera à Bethsaïda et dans la Galilée des Gentils. (Païens) Es.8:23

---

[28] Tributaire adj Qui paie tribut. Dépendant de

III. **Et pourtant il disait qu'«Il n'était envoyé qu'aux brebis perdues de la maison d'Israël» Mt. 15: 24**
    1. Cette adresse à la femme syro-phénicienne était contextuelle. Elle regardait une étape de son ministère.
    2. Il prévoyait au contraire, le salut du monde. Jn.3:16
    3. Les autres peuples représentent l'olivier sauvage qui est greffé à Jésus, l'olivier franc, pour produire des fruits dignes. Ro.11 :24
    1. Le salut vient des juifs. Cela veut dire que l'initiateur de notre salut vient d'un homme de la race juive. Le salut donc devait être offert d'abord aux juifs. Pour leur malheur ils ont rejeté le Messie. Jn.4:22; Ro.1:16
    Jean dira: «Elle (la Parole faite chair) est venue chez les siens et les siens ne l'ont pas reçue. **Mais à tous ceux qui l'ont reçue (la Parole), à ceux qui croient en son nom, elle a donné le pouvoir de devenir enfant de Dieu.» Jn.1:12**
    Voilà pourquoi Pierre va prêcher aux païens. Ac.13 :46

Conclusion

Jésus croit dans la trilogie[29] Dieu, famille et patrie. Servons Dieu, servons notre famille et servons notre patrie avec fierté et dignité.

---

[29] Trilogie nf Série de trois œuvres dont les sujets sont liés.

Questions

1. Comment peut-on prouver que Jésus agit en bon citoyen?
    a. Il paie les impôts et encourage les disciples à en faire autant
    b. Il paie les taxes dues au gouvernement romain
    c. Rendez à César ce qui est à César et à Dieu ce qui est à Dieu, dira-t-il aux juifs.
2. Comment voit-il son ministère face à la mentalité juive?
    a. Il sait que nul n'est prophète dans son pays
    b. Il doit déborder les limites du territoire de la Palestine
    c. Il veut offrir à tous une patrie céleste.

3. Y a-t-il une contradiction entre sa déclaration à la femme syro-phénicienne et la mondialisation[30] de son ministère?
    a. Non. Sa déclaration à cette femme était une étape de son ministère.
    b. Il est venu chercher et sauver ce qui était perdu.
    c. Il appelle tout le monde au salut.
4. Que veut dire l'expression: «le salut vient des juifs»?
Le Christ ou Messie s'est incarné en Jésus qui est d'origine juive.
5. Quels sont les privilèges des croyants en Christ?
    a. Il leur donne le pouvoir de devenir enfants de Dieu
    b. Ils héritent de la vie éternelle
    c. Ils peuvent servir Dieu
6. Comment Jésus-Christ entend-t-il que tout homme fonctionne?
D'après la trilogie: Dieu, la famille et la patrie

---

[30] Mondialisation nf Fait de devenir mondial. Globalisation

Leçon 8 Sa discipline dans son ministère prophétique

Textes pour la préparation : Ps. 22 :2-19 ; Esa. 7:14; 53:1-12; Zach. 11 :12-13; Mt. 1 :22-23; 6 :10; 27 : 9 , 46; 28:18; 24: 4-14; 27 : 1-9; Jn.3:35; 4 :34; 6 :40; 16 :13; 20:25; 2Ti. 3: 1-10
Texte à lire en classe: Mt. 6:9-15
Verset de mémoire : Ma nourriture est de faire la volonté de celui qui m'a envoyé, et d'accomplir son œuvre. **Jn.4:34**
Méthodes: discours, comparaisons, questions
But: Montrer l'intransigeance[31] de Jésus-Christ devant l'étendue de sa mission.

Introduction
Jésus est venu sur notre planète avec un agenda dans lequel aucun point n'est négligé. Certaines déclarations pertinentes dans ses discours le font comprendre.

I. **Première déclaration pertinente[32]: «Afin de faire la volonté de son Père.»**
   1. Jésus laisse son trône céleste muni de l'autorité divine plénipotentiaire dans le ciel et sur la terre. Mt.28 :18; Jn.3 :35
      a. Pour fermer le dossier de l'Ancienne alliance en présence de de deux représentants: Moise pour la loi et Elie pour les prophètes. Mt. 5 :18; 17: 3-4
      b. Sur la croix du Calvaire, il parapha[33] ce dossier avec son sang en disant enfin: «Tout est accompli.» Jn.19:30
   2. Ma nourriture est de faire la volonté de mon Père, dira-t-il. Jn.4 :34 Il la définit en disant : la volonté de mon Père, c'est que quiconque voit le Fils et croit en lui ait la vie éternelle. Jn.6 :40

---

[31] Intransigeance nf Intolérance
[32] Pertinent adj Approprié
[33] Parapher v.t Signer d'une paraphe

3. Dans la prière dominicale il inclut : « Que ta volonté soit faite sur la terre comme au ciel » Mt 6 : 10
4. Et enfin il conclut: «Quiconque fait la volonté de mon Père est mon frère». Mc.3:35

II. **Deuxième déclaration pertinente: «Afin que l'Ecriture fut accomplie»** C'était le refrain dans tout le Nouveau Contrat.
1. Huit cent ans (800) avant Jésus-Christ, le prophète Esaïe avait prédit sa naissance d'une vierge. Es.7 :14; Mt 1 :22-23
2. Le même Esaïe prédit la naissance du Messie souffrant. Es.53 :1-12
3. Dans le Psaume 22 David dramatise les scènes de la crucifixion :
    a. Mon Dieu ! mon Dieu ! pourquoi m'as-tu abandonné? C'est son monologue[34] sur la croix. Ps.22 : 2; Mt.27 :46
    b. Il est déjà vendu pour trente pièces d'argent. Zach.11:12-13; Mt.27:9
    c. Tous ceux qui me voient se moquent de moi. Ps.22: 8; Mt. 27:2
    d. De nombreux taureaux sont autour de moi. Ils ouvrent contre moi leur gueule. C'est le rôle des pharisiens et de Pilate dans leurs vexations au Seigneur. Ps.22: 13
    e. Car des chiens m'environnent… Ils ont percé mes mains et mes pieds. Ce rôle appartient aux soldats romains qui le maltraitaient. Ps.22 : 17; Jn.20 :20-25
    f. Ils se partagent mes vêtements. Ils tirent au sort ma tunique. Ps.22 : 19; Jn.19 :24

---

[34] Monologue nm. Discours que se tient a lui-même un personnage de théâtre

III. **Troisième déclaration pertinente, celle-ci dans la bouche de Pierre:**
   1. Il est l'agneau prévu dès avant la fondation du monde pour être immolé. 1Pi.1:19-20
   2. Il ne pourra à la dernière minute, changer sa destination ni offrir un autre à sa place. Jn.3:16
   3. Il doit donc être notre substitut[35] à l'autel du sacrifice. Autrement il reviendrait à nous d'y monter pour subir les conséquences de nos péchés. 1Ti.2 :5-6

IV. **Il annoncera d'avance aux apôtres:**
   1. Les détails de son départ, de sa résurrection et de son enlèvement. Mt.20:17-19
   2. Le ministère du Saint-Esprit qui va les conduire dans toute la vérité. Jn.16: 13
   3. Les événements eschatologiques[36] annonciateurs de son retour. Mt.24: 4-14
      a. L'Etat des nations : guerres, famines, sécheresse. Mt. 24: 6-8
      b. Etat moral des hommes: corruption, violence, cupidité, irréligion. 2Ti. 3:1-10
      c. Apostasie[37] : des Eglises fonctionnent sans foi, sans Dieu et s'en remet aux faux docteurs pour leur ruine spirituelle. Mt. 24: 11; 2Ti. 4:3

Conclusion

Si bien des choses nous sont encore voilées, faisons confiance à ce Jésus pour notre futur en partant des preuves qu'il nous a déjà données de sa divinité et de son plan de rédemption.

---

[35] Substitut nm Ce qui peut remplacer quelqu'un en jouant le même rôle.
[36] Eschatologique adj. Qui concerne la fin des temps
[37] Apostasie nf Abandon de la foi

Questions

1. Pourquoi Jésus-Christ était-il venu sur notre planète?
   a. Pour faire la volonté de son Père
   b. Pour fermer le dossier de l'Ancien Testament
   c. Pour sauver l'humanité
2. Quelle était l'étendue de son pouvoir?
   a. Dieu a remis toutes choses entre ses mains
   b. Il lui donne tout pouvoir dans les cieux et sur la terre
3. Qui avait prédit ses souffrances? Les prophètes et le psalmiste David
4. Que pouvait faire Jésus-Christ pour échapper à cette mort cruelle?
   Nous dénoncer comme les vrais coupables appelés à subir les conséquences de nos péchés
5. Pourquoi ne l'a-t-il pas fait?
   Il était venu chercher et sauver ce qui était perdu.
6. Quelles étaient ses dernières informations aux apôtres?
   a. Il leur donna des détails sur sa mort, sa résurrection et son ascension.
   b. Il leur décrit les évènements de la fin.
   c. Il leur indiqua les signes des temps.

Leçon 9 Sa discipline dans son ministère eschatologique

Textes pour la préparation : Ge. 3 :16; Mt. 19 :28; 24 :21-28; 25: 13, 41; Jn.3 :17;   1Co. 6 :2; 15: 51-57 ; 1Th.4 : 13-18; 2Ti.3:1-10; He. 12 :10-11; Ap.2 :4, 10,20; 3 :1,8, 15-17; 6 :16-17; 7 :15 ; 20 :4 ; 21: 4-10; 22 :14-15
Texte à lire en classe: 2Ti. 3:1-10
Verset de mémoire: Veillez donc, puisque vous ne savez ni le jour, ni l'heure. **Mt. 25: 13**
Méthodes: discussion, comparaisons, questions
But : Garder les chrétiens éveillés en évoquant les évènements qui marquent la fin des temps.

Introduction
Il est légitime de louer les météorologistes[38] pour leurs prévisions. Cependant que savent-ils des signes des temps? Ma foi, rien. Ils ne peuvent détecter les évènements eschatologiques. De préférence, restons à l'école du Seigneur.

I. Jésus nous instruit sur les choses dernières.
Il prévoyait la destruction de Jérusalem en l'an 70 par Titus le général Romain. Mt. 24: 1-2
1. Il prédisait les divers cataclysmes[39] naturels à travers le monde (tremblement de terre, famines, peste)
2. Les grandes guerres mondiales (1914-1918; 1939-1945)
3. L'état moral du monde a son stade le plus bas (cupidité, homosexualité, zoophilie[40], rébellion aux supérieurs, prostitution, corruption, apostasie[41]) 2Ti.3:1-10

---

[38] Météorologiste nm Qui informe sur les variations de la température
[39] Cataclysme nm bouleversement
[40] Zoophilie nf. Trouble de de la sexualité dans lequel les animaux sont l'objet du désir.
[41] Apostasie nf Abandon de la foi chrétienne

III. Il nous envoya un album avec la photo des sept Eglises figuratives de la fin des temps.

En effet ces Eglises avaient physiquement existé en Asie Mineure. Elles symbolisent maintenant l'Eglise universelle dans divers aspects.

1. L'Eglise d'Ephèse ou l'Eglise chargée de faux chrétiens. Ap.2:4
2. L'Eglise de Smyrne ou l'Eglise persécutée Ap.2:10
3. L'Eglise de Pergame ou l'Eglise en décadence Ap.2:14
4. L'Eglise de Thyatire ou l'Eglise polluée par la corruption et la superstition Ap.2:20
5. L'Eglise de Sarde ou l'Eglise morte où le nom de Jésus n'est pas respecté Ap.3:1
6. L'Eglise de Philadelphie ou l'Eglise en plein réveil par la repentance, la confession, le jeûne, la prière et l'esprit de service. Ap.3:8
7. L'Eglise de Laodicée ou l'Eglise superficielle. Ap.3: 15-17

Au fait, seules les Eglises de Smyrne et de Philadelphie n'avaient pas été blâmées. Les autres recevaient des avertissements sonores pour les presser à amender[42] leur conduite.

III. Il nous instruit sur le processus[43] de l'enlèvement.
Mt. 24: 21-28; 1Co.15 : 51-57; 1Th.4: 13-18

Au milieu de la grande tribulation, Jésus viendra enlever son Eglise.

1. Cet évènement aura lieu à la vitesse d'un éclair. Mt.24:27
2. Christ abrègera la tribulation pour ménager les élus tant les souffrances seront terribles. Mt.24:22
3. A la voix d'un archange, au son de la trompette de Dieu, les morts en Christ ressusciteront. 1Th.4:16

---

[42] Amender vt. Modifier, améliorer
[43] Processus nm marche, développement

4. Nous les vivants qui seront restés, nous serons changés en un clin d'œil. 1Co.15: 52
5. Nous serons assez légers pour monter et rencontrer avec Christ dans les airs. 1Th.4 :17
6. Nous serons en réjouissance avec lui pendant mille ans. Ap.7:14-17 ; 20: 4-5
7. Nous recevrons ses instructions en ce moment-là pour savoir comment juger les 12 tribus d'Israël, les incrédules et les anges déchus. Mt.19:28; 1Co.6:2

Conclusion

Avant que ces jours arrivent, demeurons fermes dans la foi que nous professons pour ne pas être confus au dernier jour.

Questions

1. Quelle est la limite des météorologistes?
    a. Ils ne peuvent prévoir tous les signes des temps
    b. Ils n'ont pas d'appareil pour détecter les évènements eschatologiques
2. Quelles sont les instructions de Jésus-Christ sur les choses dernières?
    a. Il prédit la destruction du temple de Jérusalem. Cela arriva en l'an 70 AD.
    b. Il prédit les cataclysmes naturels, les guerres meurtrières et l'immoralité flagrante du monde
    c. Ce sont des signes avant-coureurs[44] de son avènement.
3. Que représente l'album des sept Eglises d'Asie?
   Les différents aspects de l'Eglise universelle dans les derniers temps.
4. Citez deux Eglises qui n'avaient pas reçu de reproches du Seigneur. Smyrne et Philadelphie
5. Quelle était son adresse aux autres Eglises? Des avertissements sonores.

---

[44] Avant-coureur nm Qui annonce un évènement prochain

Leçon 10 La discipline de Jésus dans le sort de notre Planète

Textes pour la préparation: Ge. 7:16; Mt. 25 :41; Jn.3 :17; He. 12 :10-11; 2Pi.3 : 9-10; Ap. 6:16-17; 7 :15; 20 :4; 21:4-10; 22: 14-15

Texte à lire en classe: Ap. 6: 12-17

Verset de mémoire: Montagnes, rochers, tombez sur nous, cachez nous devant la face de celui qui est assis sur le trône et devant la colère de l'agneau. **Ap.6: 16**

Méthodes: discours, comparaisons, questions

But: Lancer un ultime avertissement à ceux qui font «marché noir» de leur âme tandis la porte de la grâce est presque fermée.

Introduction

Si vous n'avez aucun projet de vivre heureux dans l'Au-Delà, il vous est inutile de vous attarder sur cette leçon. Si au moins, vous voulez savoir quel sera votre sort, une minute après la mort, prenez au moins une minute pour y réfléchir avec nous. Et voilà ce que vous saurez:

I. La première terre aura disparu dans les flammes. Les éléments embrasés se dissoudront. 2Pi.3 :10; Ap.21:1

   1. Les justes seront déjà accueillis dans la salle des noces de l'agneau. Ap.7:15

   2. Ils seront identifiés par la marque de Jésus sur leur front. Ceux qui ont sur eux la marque de la Bête seront alors dans l'étang de feu et de souffre où sont la Bête et le faux prophète. Ap.20:4

   3. Il essuiera toutes larmes de leurs yeux. Quel époux galant! Ap.21:4

   4. Il fera avec eux une promenade dans la nouvelle Jérusalem. Ils n'auront plus de deuil, de cri car les premières choses auront disparu. Ap.21 :10

II. Il attend seulement au dernier jour pour juger le monde.
1. C'est fort malheureux que nous soyons plus pressés que lui. Jn.3: 17
2. Les épreuves d'aujourd'hui sont des exhortations ou avertissement pour nous porter à changer de comportement. He.12: 10-11
3. Il use de patience envers nous. Il ne veut pas qu'aucun périsse mais que tous parviennent à la repentance. 2Pi.3:9

III. Il offre la vie éternelle à tous
1. Dieu n'a pas choisi de vous envoyer en enfer. C'est vous qui avez refusé d'aller au ciel. Mt.25:41
2. La porte de la grâce est encore ouverte. Soyez plus intelligents que les gens du temps de Noé. Noé bâtit l'arche mais c'est Dieu lui-même qui ferma la porte. Ge.7:16; Ap.22:14-15
3. Nous prêchons l'Evangile pour vous inviter à entrer par la porte de la grâce, mais c'est Dieu lui-même qui va décider de l'enlèvement de l'Eglise. Quand cette porte sera fermée, les hommes seront dans la désolation et leurs cris resteront sans réponse. Ecoutez-les:

Montagnes, rochers, tombez sur nous, cachez nous devant la face de celui qui est assis sur le trône. Nous ne pouvons pas supporter la colère de l'agneau! Ap.6:16-17

Conclusion
Si vous voulez investir pour le futur, mettez votre vie au compte d'épargne du Seigneur. Votre profit sera «la vie éternelle». Croyez-moi, il n'est pas négociable.

Questions

1. Quel sera le sort de la planète terre? Elle est réservée pour le feu

2. Où seront les justes à ce moment-là? Dans la réjouissance avec Jésus, l'Agneau de Dieu.

3. A quel signe va-t-on les reconnaitre? Ils auront la marque de Jésus sur leur front.

4. Quel sera le geste sentimental de Jésus à leur endroit? Il essuiera toutes larmes de leurs yeux.

5. Quel est le rôle des épreuves? Nous porter à la repentance.

6. Pourquoi certains iront-ils en enfer? Parce qu'ils n'ont pas choisi d'aller au ciel.

7. Comment exprimer la colère de Dieu contre eux? ils diront: « Montagnes, tombez sur nous, cachez nous de la colère de l'Agneau»

Leçon 11 L'implication de cette discipline

Textes pour la préparation: Mt. 7:28-29; Mc. 5 :21-23, 42-43; Lu.7 :11-15 ; 24 :5-7; Jn. 1 :4; 5:19-29, 39-40 ; 11 :25, 42-44; 14 :3-11; 2Co.5 :10; He.4:13
Texte à lire en classe: Jn.5:19-29
Verset de mémoire: Car comme le Père a la vie en lui-même, ainsi il a donné au Fils d'avoir la vie en lui-même. **Jn.5: 26**
Méthodes: discours, comparaisons, questions
But: Montrer comment l'obéissance totale de Jésus-Christ au Père, lui vaut aussi un pouvoir total et une autorité totale.

Introduction
Une question pertinente: Jésus observe-t-il la discipline dans tous les domaines? Bien sûr, car il a lui-même établi les règles du jeu. Il demeure conséquent à sa déclaration. Il veut aussi prouver son égalité au Père. Nous allons le justifier maintenant.

I. **Premier point. Il imite le Père.** Tout ce que le Père fait, le Fils le fait pareillement. Jn.5:19
   1. Son Père établissait des principes dans l'Ancien Testament. Il fait de même dans le Nouveau testament au point qu'on était frappé de sa doctrine. Mt. 7:28-29
   2. Dans l'atelier de Joseph, son père nourricier, il apprendra le métier de charpentier. Mais de son Père céleste il apprendra comment bâtir des demeures pour nous recevoir dans le ciel. Jn.14: 3

II. **Deuxième point : Il est omniscient comme le Père.** Car le Père aime le Fils et il lui montre tout ce qu'il fait. Jn.5:20
   Rien n'est caché à ses yeux. Tous doivent lui rendre compte au dernier jour. He.4:13

III. **Troisième point : Il est Tout-Puissant.** Il fait ce qu'il veut. Comme le Père ressuscite les morts et donne la vie, ainsi le Fils donne la vie à qui il veut. Jn.5 :21, 28-29; 11:25

IV. **Quatrième point: L'avocat d'aujourd'hui portera la toge[45] de juge au jour du jugement dernier.**
Jn.5:22; 2Co.5:10
   1. Il plaide notre cause aujourd'hui. Il paie sur la croix du calvaire les frais de notre justification. Ro.5:1 ; 8:1
   2. Il siègera en juge pour prononcer le verdict de condamnation contre tous les incrédules et les méchants. 2Co.5:10

V. **Cinquième point: Il a droit aux honneurs divins.** Son égalité au Père est telle que celui qui n'honore pas le Fils n'honore pas non plus le Père. Jn.5:23
   1. Il est dans le Père et le Père est en lui. Jn.14: 11
   2. Il fait les œuvres du Père pour qu'il soit reconnu comme tel. Jn.14:10

V. **Sixième point: Il a le pouvoir de régénérer.**
Celui qui écoute ma parole et qui croit en Celui qui m'a envoyé… est passé de la mort à la vie. Jn.5:24, 25
   1. Il en donne la preuve des résurrections:
   2. La fille de Jaïrus, Le fils de la veuve de Naïn et Lazare. Mc.5:21-23, 42-43; Lu.7:11-15; Jn.11: 42-44
   3. Il est sorti lui-même vivant du tombeau. Lu.24: 5-7

VII. **Septième point: Il possède la vie.**
Comme le Père a la vie, ainsi il a donné au Fils d'avoir la vie en lui-même. Jn.5: 26; 14:6
   1. En elle (La parole faite chair) était la vie. Jn.1:4
   2. Il est la Parole de vie. Jn.5:39-40

Conclusion
Jésus égale son Père mais ne le dépasse pas parce qu'il est aussi Père et ne peut se dépasser lui-même. Il n'a jamais été «plus ou

---

[45] Toge nf Robe d'avocat

moins Dieu». Il est déclaré Fils de Dieu avec puissance! Ayez-le dans votre vie maintenant et sans délai.

Questions

1. Pourquoi Jésus observe-t-il la discipline en toutes choses?
   a. Parce qu'il a établi lui-même les principes
   b. Il veut être conséquent avec lui-même.
   c. Il veut prouver son égalité au Père.
2. Comment imite-t-il le Père?
   Il ne fait que ce qu'il voit faire au Père
3. Qu'est-ce-qui le rend capable de tout faire ?
   Il est omniscient et omnipotent.
4. Quel est son rôle dans notre salut ? Avocat et Sauveur
5. Quel sera son rôle à la fin du monde?
   Epoux de l'Eglise et Juge pour prononcer la sentence de Satan et des méchants
6. A quel degré peut-on honorer le Fils
   Au même degré que le Père

Leçon 12   Jésus, le Père Eternel

Textes pour la préparation: 2Roi.24 :2; Ps. 23 :1-6; 103:13; Esa. 9 :5; 40:10-11; 57: 16
Texte à lire en classe: Ps.23: 1-6
Verset de mémoire: Oui, le bonheur et la grâce m'accompagneront tous les jours de ma vie, et j'habiterai dans la maison de l'Eternel jusqu'à la fin de mes jours.
Ps. 23:6
Méthodes: discours, comparaisons, questions
But: Offrir aux parents l'exemple de Jésus comme un Père responsable auprès duquel il fait bon de vivre.

Introduction

Dans toute famille sérieuse, la mère travaille à la maison sous l'ombre d'un père responsable. Et ce père responsable tire son autorité du Père Eternel, le grand responsable. Suivant la prophétie d'Esaïe, Jésus est ce Père Eternel. Es. 9:5 En quoi nous pères, l'avons-nous imité?

I. Jésus est le Messie. Il est le Père de son peuple, et ce, éternellement

En sa qualité de roi, descendant de David, il prendra soin de son peuple avec sévérité et compassion. Ps.103:13

1. C'est lui qui a décidé la captivité assyrienne des 10 tribus d'Israël en Assyrie en l'année 722 BC et la captivité babylonienne de Juda en 586 BC pour punir leur iniquité. 2Roi.24: 2
2. C'est lui qui porte Israël comme un agneau dans ses bras. C'est l'image du Dieu omnipotent qui dispersa les juifs sur la surface de la terre pour les punir, mais qui enfin vaincra ses oppresseurs. Es.40: 10

3. Après quoi, il restaure son peuple. Ps.23:3
      a. Pères, vous avez cette même obligation envers votre enfant. Vous devez allier l'amour à la sévérité. Pardonnez-le et ne lui gardez pas rancune quand il vient s'humilier devant vous. Es.57: 16
      b. L'Eternel dit: Je ne veux pas garder une éternelle colère quand devant moi tombent en défaillance les esprits, les âmes que j'ai faites. Es.57: 16

I. **Jésus est Père et pasteur de son peuple. Es.40:11**
   1. Il pourvoie à tous ses besoins. Protection, nourriture, appétit, paix, sommeil… Ps.23:1
   2. Il le dirige près des eaux paisibles. Il l'écarte des milieux bruyants et mal famés.Ps.23:1
   3. Il cultive sa maitrise en l'obligeant à refreiner son appétit au milieu de l'abondance. Ps.23:2
   4. Il l'accompagne pour sa sécurité devant toutes les situations dangereuses. Ps. 23: 4
   5. La présence des adversaires ne l'empêche pas de mener son enfant vers un achèvement. Ps.23: 5
   6. L'enfant est si bien convaincu de sa sécurité auprès du père, qu'il se décide à ne point quitter la maison. Ps.23: 6

Conclusion

Et vous pères, rencontrez-vous votre image dans le Psaume 23? Qu'est-ce-que vos enfants peuvent dire de vous? Prenez le Psaume 23 comme un thermomètre pour mesurer votre degré de relation avec votre fils.

Questions

1. Quand peut-on observer l'harmonie dans une famille?
   Quand le père agit en responsable, que la mère lui est soumise et que les deux se soumettent au Père responsable.

2. Quand a eu lieu la captivité assyrienne d'Israël? Dans l'année 722 BC

3. Quand a eu lieu la captivité babylonienne de Juda? Dans l'année 586 BC

4. Comment le père doit-il réagir devant le comportement des enfants? Avec sévérité et flexibilité.

5. Que représente Jésus-Christ pour son peuple? Père, Berger, Ami et Sauveur

6. En se basant sur le Psaume 23, quel compliment un enfant peut-il faire à son père?
   Qu'il promet de demeurer dans la compagnie de son père jusqu'à la fin de ses jours.

Récapitulation des versets

1. Vers le matin, pendant qu'il faisait encore très sombre, il se leva et sortit pour aller dans un lieu désert où il pria. Mc.1:35

2. Lorsqu'ils furent rassasiés, il dit à ses disciples : Ramassez les morceaux qui restent afin que rien ne se perde. Jn.6 : 12

3. Jésus leur dit : mon temps n'est pas encore venu, mais votre temps est toujours prêt. Jn.7 : 6

4. Si quelqu'un veut faire sa volonté, il connaitra si ma doctrine est de Dieu ou si je parle de mon propre chef. Jn.7 : 17

5. Après le coucher du soleil, tous ceux qui avaient des malades atteints de diverses maladies les lui amenèrent. Il imposa les mains à chacun d'eux et il les guérit. Lu.4 : 40

6. Ce ne sont pas ceux qui se portent bien qui ont besoin de médecin, mais les malades. Je ne suis pas venu appeler des justes, mais des pécheurs. Mc.2 : 17

7. Rendez donc à César ce qui est à César et à Dieu ce qui est à Dieu. Lu.20 :25

8. Ma nourriture est de faire la volonté de celui qui m'a envoyé, et d'accomplir son œuvre. Jn.4 :34

9. Veillez donc, puisque vous ne savez ni le jour, ni l'heure. Mt. 25 : 13

10. Montagnes, rochers, tombez sur nous, cachez nous devant la face de celui qui est assis sur le trône et devant la colère de l'agneau. Ap.6 : 16

11. Car comme le Père a la vie en lui-même, ainsi il a donné au Fils d'avoir la vie en lui-même. Jn.5 : 26

12. Oui, le bonheur et la grâce m'accompagneront tous les jours de ma vie, et j'habiterai dans la maison de l'Eternel jusqu'à la fin de mes jours. Ps. 23 : 6

Série 3

Les six vases aux noces de Cana

Avant-propos

C'est pour la première fois que nous assistons à un voyage de Jésus en compagnie de sa mère, ses frères et ses disciples. Descendons avec eux à Cana, en Galilée, pour participer aux noces des amis de Marie. Mais ne soyez pas surpris par une situation adverse dont les conséquences pourraient affecter lamentablement la relation entre les époux. C'est alors que Jésus va entrer en scène avec six vases que les serviteurs avaient mis à sa disposition. Nous saisissons l'occasion pour vous dire que si vous êtes en difficulté et que vous avez invité Jésus dans vos affaires, soyez sûr d'avoir au moins des vases vides à lui présenter. Dans ce cas, nous allons faire parler ces vases.

Rev.Renaut Pierre-Louis

Leçon 1   Les noces de Cana et leurs implications prophétiques[46]

Textes de préparation: Ge. 1 :26-31; 50 :1-26; Ex.20 :1-27; Osée. 6 :2; Malachie; Lu. 22; 20; Jn.1 :29; 2 :1-11; Ap.21;1-27
Verset de mémoire: Trois jours après, il y eut des noces à Cana en Galilée, la mère de Jésus était là. **Jn.2:1**
Méthodes: Discours, comparaisons, questions
But: Présenter le Messie en public dans un miracle symbolique

Introduction

Du temps de Jésus, le mariage oriental était caractérisé par la réjouissance et l'abondance. Selon Ryrie, un commentateur du Nouveau Testament, la coutume voulut qu'on offre une tenue de noces aux invités qui n'en possédaient pas. Mais à dire que ces noces dont nous parlerons, eurent lieu le troisième jour, nous sommes forcés de vous fournir des explications. Jn.2: 1

I. Pourquoi le troisième jour? Jn.2:1

1. Dans la ligne prophétique, le premier jour représente le temps de la loi naturelle. Il couvre la période de la dispensation de l'innocence jusqu'à celle de la loi.
   Ge.1:26-31 à 50: 1-26
2. Le deuxième jour part de la dispensation de la loi jusqu'à l'arrivée de Jésus-Christ. Ex.20: 1-27 à Malachie. Jn. 1:6
3. Le troisième jour part de la dispensation de la grâce jusqu'à celle du royaume où Christ, le divin époux, célèbrera les noces divines avec l'Eglise.
   Jn.1: 29 à Ap. 21: 1-27
   Ceci est bien expliqué par le prophète Osée: «Après deux jours, il nous rendra la vie; le troisième jour il nous relèvera et nous vivrons en sa présence » (Os 6,2)."
   Marquant cette transition vers le troisième jour, **la**

---

[46] Implications prophétiques. Expression pour signifier que nous mettons en cause des prophéties de l'Ancienne Alliance.

pénurie de vin dans le récit se réfère aux sacrifices d'animaux prenant fin. Ensuite, **le vin nouveau représente la nouvelle alliance à laquelle l'Église prendra part.** Lu. 22:20

II. **Pourquoi ce miracle était-il cité comme le premier en date des miracles de Jésus-Christ? Jn.2: 11**
   1. C'était en effet son premier miracle **en public**. On ne peut que faire des spéculations[47] sur ceux opérés dans sa **vie privée**. L'adresse de Marie aux serviteurs incline à croire qu'il avait l'habitude d'en faire: «Faites ce qu'il vous dira» Jn.2 :5 En d'autres termes, «Je sais ce dont il est capable. Je l'ai déjà vu à l 'œuvre.»
   2. Par ce premier miracle, Jésus-Christ veut montrer la générosité de Dieu, comment il peut transformer la réjouissance humaine en noces divines.
   3. Le vin qu'il va donner sera le symbole du don de son sang versé pour sauver les humains.
      Il dira bientôt: «Ceci est la nouvelle alliance en mon sang. Lu.22:20
      Remarquez le bien: Il n'a pas produit du vin à partir d'un minimum restant dans la cuve, mais à partir de l'eau. Ainsi personne d'autre n'a contribué à notre rédemption. La **Nouvelle Alliance en son sang et en son sang seul, suffisait pour assurer notre salut.**

Conclusion
Jésus vient vous offrir ce que votre argent ne peut procurer. Faites alliance avec lui aujourd'hui même et vous en verrez la différence.

---

[47] Spéculation nf théorie

Questions

1. Qu'est-ce qui caractérisait le mariage du temps de Jésus? L'abondance et la réjouissance.
2. Comment se présentaient d'ordinaire les invités? En tenue de mariage
3. Dans un sens prophétique comment comprendre la présence de Jésus au troisième jour?
   a. Le premier jour représente le temps de la loi naturelle.
   b. Le deuxième jour, la dispensation de la Loi
   c. Le troisième jour, la dispensation de la grâce.
4. Quel prophète le confirme-t-elle? Le prophète Osée.
5. Qu'est-ce qu'elle implique?
   Dès la signature du nouveau contrat avec le sang de Jésus-Christ, les sacrifices d'animaux cessèrent.
6. Quelle leçon pouvons-nous tirer du miracle de l'eau changée en vin?
   a. Il nous montre la générosité de Dieu, comment il peut changer la réjouissance humaine en noces divines.
   b. Le vin est le symbole de la nouvelle alliance en son sang.
   c. Puisque ce vin était unique, il résulte que le sacrifice de Jésus-Christ seul suffisait pour nous sauver de nos péchés.

Leçon 2 Le rôle de Marie dans ce mariage

Textes pour la préparation: Ex.7 :20; Mt.11 :28; 26 :27-29; Lu.2 :49; Jn.2 : 1-11
Verset de mémoire: Sa mère dit aux serviteurs : Faites ce qu'il vous dira. **Jn.2:5**
Méthodes : Discours, comparaisons, questions
But: Montrer comment Jésus n'agit jamais sous la pression

Introduction
Si Jésus et ses disciples étaient invités à ce mariage, quant à Marie, elle était là. Elle n'avait pas besoin de carte d'invitation. Voyons-la à l'œuvre:

I. Où était-elle?
1. Pas à la salle de réception mais plutôt au comptoir de livraison. Par contre, il lui était facile de constater la diminution sensible du vin. Finalement elle criait à Jésus : « Ils n'ont plus de vin! ». Jn.2: 3
   a. Quelle déception pour le couple! En ce temps-là, l'époux devait offrir le vin pendant au moins sept jours!
   b. C'était une preuve qu'il pouvait tout procurer à sa femme. Dans le cas contraire, le père de la mariée pourrait le traiter de farceur et le traduire en justice pour incapacité. Comment va-t-il sauver l'honneur de l'époux?
   c. Jésus était d'accord pour leur en procurer. Mais Il lui fallait placer la commande qui doit venir directement de la cuve du Père céleste. Fort malheureusement, Jésus n'agit sous la pression de personne. Mon temps n'est pas encore venu, dira-t-il à Marie. Elle doit attendre. Jn.2: 3-4
      Par le fait qu'elle ignore que celui qui a changé les eaux du Nil en sang est le même qui va changer l'eau en vin, montre les limites de sa compétence. Ex. 7:20; Jn.2:9

d. Tacitement[48], Jésus l'écarte comme médiatrice pour répondre aux prières des pécheurs. «Venez **à moi** vous tous qui êtes fatigués». Mt. 11:28
   e. Marie ne prit pas la réponse de Jésus pour un refus. Elle devait seulement retenir que Jésus fait passer le devoir avant les sentiments de famille. Lu.2 :49

III. Quand l'eau était-elle changée en vin? Jn.2: 7
1. Jésus demande aux serviteurs de remplir d'eau les six vases disponibles. Ils étaient d'ordinaire d'une contenance chacun de vingt gallons, soit cent vingt gallons au total. Jn.2: 7
2. Ensuite il leur demande de puiser dans les vases et d'apporter le premier tirage à l'ordonnateur, c'est-à-dire au maitre de cérémonie. Jn.2: 8
   a. Sachez qu'il faut six semaines au vin pour la fermentation. Quand l'eau était-elle changée en vin ? Est-ce après six semaines? Sept semaines?
   b. Le cas urgent de ces époux, pouvait-il attendre un si long délai? Est-ce après le remplissage des vases ou bien quand les serviteurs commencent à puiser? Jésus leur donne du vin sur l'heure!
   c. Il n'a pas **augmenté** le vin des époux; **il vient avec son propre vin et le** prendra bientôt comme symbole en disant: «Ceci est **mon** sang», son sang seul et pas une goutte du sang du premier Adam. Il ne peut y avoir de mélange. Mt.26:27-29

Conclusion
Quand vous êtes à la limite du désespoir, soyez disposé à remettre vos vases vides au Seigneur. La réponse ne tardera pas, croyez-moi.

---

[48] Tacitement adv. D'une manière sous-entendue

Questions

1. Comment Marie a-t-elle pu constater le manque de vin? Elle était dans la section de livraison.
2. Pourquoi a-t-elle paniqué?
   a. Parce que cette déception met en danger l'honneur de l'époux.
   b. Parce que le père de l'épouse peut traduire celui-ci en justice pour incompétence.
3. Qu'est-ce-qui rend le cas plus urgent?
   a. Le vin devait attendre six semaines pour être fermenté.
   b. Les époux doivent avoir une solution sur l'heure.
4. Comment comprendre la réponse de Jésus à Marie?
   a. Il donne la priorité au devoir et non aux sentiments.
   b. Tous sauront désormais qu'ils doivent s'adresser directement à Jésus pour tous leurs besoins.
5. Quand l'eau était-elle changée en vin? Quand les serviteurs ont puisé dans les vases.
6. Pourquoi Jésus n'a-t-il pas augmenté le vin des époux? Il vient plutôt avec son propre vin.
7. Qu'est-ce-que Jésus attend de nous? Nos vases vides pour les remplir.

Leçon 3 La raison d'être de Jésus dans ce mariage

Textes pour la préparation: Mt. 4 :10; 13 :55; 11 :28; Mc. Mc.1 :13; 6 :3; Lu. 4 :25-29; 17 :12-15; 18:36-43; Jn. 1: 9 ; 18, 29; 3 :16; 8 : 3-12; 9 :5-7; 11 :43-44; Col. 3:1-3; 1Pi.1:18
Verset de mémoire: Tel fut, à Cana en Galilée, le premier des miracles que fit Jésus. Il manifesta sa gloire et ses disciples crurent en lui. **Jn.2:11**
Méthodes : Discours, comparaisons, questions
But: Montrer l'intervention du ciel dans notre vie quotidienne.

Introduction
La présence de Jésus aux noces de Cana, en Galilée, n'était pas accidentelle. Autrement, la Bible serait un livre de littérature comme les autres. Comment l'expliquer?

I. Il y était à dessein.
1. **Il devait justifier sa présentation par Jean-Baptiste**, notamment comme: Dieu, Dieu le Fils unique, lumière et Agneau de Dieu. Jn. 1: 9; 18, 29, 8:12 ; 9:5
    a. Avant d'aller plus loin, sachez que Jésus va opérer pour vous d'après le nom que vous lui donnez: Si vous voulez avoir un pain et deux petits poissons, appelez-le Jésus de Nazareth ou bien le petit charpentier. Si au contraire, vous voulez obtenir une faveur royale, adressez-vous à Jésus comme étant le Fils du roi David. C'est une citation de Bartimée, un mendiant aveugle Lu.18: 36-43
    b. Aux pharisiens il dira: «Si vous ne croyez pas ce que je suis, vous mourrez dans vos péchés». Jn.8:24b
    En d'autres termes Si vous ne me reconnaissez pas comme Messie, vous êtes perdus.

2. **Jean Baptiste l'a présenté comme successeur de Moise.**
   a. Il vient pour accomplir la Loi. Jn.19:30
   b. Il vient avec une nouvelle alliance non avec le sang des boucs et des taureaux mais avec son propre sang. 1Pi.1:18
   c. Il inclut les païens aussi dans son programme messianique. Mt. 11: 28; Jn. 3:16
   d. Il vient nous offrir le ciel au lieu d'un paradis terrestre souillé par le péché. Col.3:1-3
3. **Il l'a présenté comme «la lumière qui éclaire tout homme».** Cette lumière était sa sonde mise en œuvre pour toutes les opérations:
   a. Pour fouiller la conscience des pharisiens et les renvoyer un par un. Jn.8: 3-12
   b. Pour congédier la femme adultère et lui enlever la chance de mentir ou de se disculper. Jn.8:11-12
   c. Pour rendre la vue à l'aveugle-né. Jn.9 :5-7

4. **Il l'a présenté comme Dieu.** Jn.1:1-2
   a. Il chassait Satan malhonnêtement. Mt. 4:10
   b. Il vivait pendant quarante jours au milieu des bêtes sauvages comme jadis Adam dans le jardin d'Eden avant le péché. Tout lui était soumis.
   Ge. 1:28; Mc.1: 13
   c. Il chassa les esprits par sa parole et il guérit tous les malades, quels qu'ils soient. Mt.8:17; Lu.17:12-15
   d. Il ressuscite les morts. Jn.11: 43-44
   Ainsi il a justifié sa présentation par Jean Baptiste.

Conclusion
Puisque vous êtes appelés à présenter Jésus-Christ en ce monde hostile, par quel nom allez-vous l'introduire?

Questions

1. Pourquoi Jésus était-il à ce mariage à Cana en Galilée? Jean-Baptiste l'avait présenté au public comme Dieu, Lumière et Agneau de Dieu, comme successeur de Moise; il devait le prouver.
2. Comment Jésus opère-t-il en notre faveur? D'après le nom que nous lui donnons.
3. Quelles preuves donne-t-il comme Dieu?
    a. Il chassa Satan
    b. Il vit tranquille au milieu des bêtes sauvages
    c. Il guérit les maladies incurables
    d. Il ressuscite les morts et se ressuscite lui-même.
4. Quelles preuves donne-t-il comme lumière du monde? Il fouille les consciences des pharisiens et de la femme adultère. Il rend la vue à l'aveugle-né.
5. Comment peut-on le présenter comme successeur de Moise?
    a. Il accomplit la loi.
    b. Il vient avec une nouvelle alliance, celle-ci en son sang.
    c. Il inclut les païens dans son programme messianique.
6. A qui le pauvre Bartimée l'identifie-t-il? Au fils du roi David
7. Quel en était le résultat? Il recouvra la vue.

Leçon 4 La raison d'être de Jésus dans ce mariage (suite)

Textes pour la préparation: Ge.3 : 23-24 ; Mt 11 :28 ; 28:20; Lu.15 :22; Ro.13 :14 Jn1 :1-18; 2 :10; 10 :10; 14 :1-18; 16 : 13-24; 1Jn2 :17; Ap.21:4-9

Verset de mémoire: Personne n'a jamais vu Dieu : Dieu, le Fils unique qui est dans le sein du Père, est celui qui l'a fait connaitre. **Jn.1:18**

Méthodes : Discours, comparaisons, questions

But: Comparer Adam l'époux d'Eve à Jésus l'époux de l'Eglise.

Introduction

On n'a pas fini encore avec cette présentation. Il nous faut souligner à l'eau forte cette déclaration de Jean-Baptiste: Personne n'a jamais vu Dieu: Dieu, le Fils unique qui est dans le sein du Père, est celui qui l'a fait connaitre. Comme Dieu le Fils unique dans le sein du Père, Jésus doit le prouver. Jn. 1:18

I. **Le couple au mariage à Cana, un symbole d'Adam et d'Eve**

Adam pouvait offrir la réjouissance sur la terre.
1. Malheureusement, il devait conclure sur une déception: Il fut chassé du paradis terrestre. Ge. 3: 23-24
2. Ce qu'il peut offrir est passager, trompeur et limité. 1Jn.2:17

II. **Jésus, le dernier Adam, fiancé de l'Eglise.**
1. Il appelle tous les fils d'Adam à ses noces pour leur offrir l'abondance de la vie éternelle.
    a. Il ne fait pas de sélection. Il invite tous à son festin. Mt.11:28
    b. Il pourvoira lui-même à l'habit de noces pour tous, le manteau de justice offert à tous les rachetés. Ceux-ci forment l'Eglise qui est son corps et dont il est le Sauveur. Lu.15:22; Ro.13: 14; Ep.5: 23

2. Il doit satisfaire maintenant à tous ses besoins en vue d'être qualifié comme l'époux divin et parfait. «Tout ce que vous demandez au Père en mon nom, je le ferai». Jn.14:13
   a. Il a fait ses preuves à Cana. Jn.2: 10; 10:10
   b. Il a tant à offrir qu'il dira aux disciples: «Jusqu'à présent vous n'avez rien demandé». Jn.16:24
3. Il est avec nous et promet de l'être jusqu' à la fin. Mt.28:20
4. Au moment de prendre congé des disciples, il fait provision pour leur futur : je ne vous laisserai pas orphelin. Je vous enverrai le consolateur de sorte que mon contact avec vous soit consistant.
   Jn.14:18; 16: 13-15
   a. Comme un époux galant, il va essuyer toutes larmes de nos yeux. Ap.21: 4
   b. Il nous introduira dans la nouvelle Jérusalem pour les noces nuptiales. Ap. 21:9

Conclusion

Si vous buvez encore au vin d'Adam, au vin de ce monde de déception, regardez bien si votre verre n'est pas vide. Venez à Jésus maintenant. Il le remplira du bon vin d'abondance.

Questions

1. Que reste-t-il encore à prouver?
   a. Qu'il est le Fils unique vivant dans le secret du Père
   b. Qu'il est le fiancé de l'Eglise

2. Comment justifier que ce couple à Cana symbolise Adam?
   Ses provisions sont terrestres, limitées et décevantes.

3. Comment Jésus prouve-t-il sa qualification comme l'époux de l'Eglise?
   a. Il appelle tout le monde à jouir de son abondante grâce.
   b. Il répond à toutes leurs prières.
   c. Il promet d'être avec nous tous les jours.

4. Que nous promet-il à son départ?
   Le Saint-Esprit pour continuer son œuvre

5. Que nous promet-il à la fin?
   a. Il essuiera toutes larmes de nos yeux.
   b. Il nous introduira dans la Nouvelle Jérusalem

Leçon 5 Le vase d'amour

Textes pour la préparation: Ep. 5:26
Verset de mémoire: Maris, aimez vos femmes comme Christ a aimé l'Eglise, et s'est livré lui-même pour elle. **Ep.5:26**
Méthodes: Discours, comparaisons, questions
But: Montrer comment l'ignorance sur la vraie définition du verbe *aimer* peut nuire au mariage.

Introduction
Le chiffre six a toujours été le symbole de la limite humaine et le chiffre sept la perfection divine. La fête à Cana devait durer sept jours. Elle symbolise sept phases de la vie conjugale. L'homme a droit à six vases. Qui en a le septième, le vase d'abondance? Jésus seul ! Identifions maintenant les vases.

I. Le premier vase à remplir c'est le vase d'amour.
1. Comment se fait-il que ce beau vase soit déjà vide?
   a. C'est que la plupart du temps, certains époux voient seulement le côté social et sentimental du mariage au mépris[49] du côté pratique et psychologique:
   Ils voient les festivités caractérisées par les photos nuptiales, la caravane d'automobiles, la danse, la réception bruyante et joyeuse, les cartes et les cadeaux agrémentés[50] de compliments. Pr.27: 23-27
   b. Dès le lendemain de la lune de miel, il faut mettre la robe nuptiale[51] dans une boite pour mettre les pieds sur terre et se débrouiller pour payer les dettes.
   c. Le vin peut commencer à manquer même au premier jour de la lune s'il y a des causes de déception. Les époux peuvent chacun avoir des intentions cachées qui n'étaient jamais constatées

---

[49] Au mépris de : Expr pour Sans tenir compte de
[50] Agrémenté part adj Rendu plus agréable
[5151] Robe nuptiale Robe de mariage de l'épouse

dans l'acte de mariage et qu'un silence froid peut tout glacer. Ps.15:2
d. Vous ignorez que le (la) fiancé (e) d'hier n'est pas du tout le mari ou la femme d'aujourd'hui.

II. **Les causes majeures de ce manque**:
1. Les dépenses irréfléchies. Si vous n'êtes pas prêt pour le mariage, demandez des conseils.
2. Les époux ont fait provision pour une courte période. Leur départ spectaculaire en limousine, la réception grandiose inclinent à croire qu'ils ont déjà acheté leur maison, qu'ils ne vont pas papillonner de quartier en quartier avec des meubles fragiles. Pr.27: 23-24
3. La déception apparait dans toute son ampleur au sixième jour. On se jette alors le blâme. Les témoins, parrain et marraine étaient choisis sans considération de leur valeur morale et spirituelle.
4. Certains se marient sans savoir conjuguer le verbe **aimer.**
   Ils confondent l'amour avec le sexe. **Ils ignorent que marier** et **aimer** sont formés à peu près des mêmes lettres. Si vous n'aimez pas, ne vous mariez pas.
   Sachez que l'amour sans sacrifice n'est pas amour. Le garçon paresseux n'a pas le droit de dire à une jeune fille «je t'aime de tout mon cœur». Il n'a pas de cœur!... Il vient pour vous abuser et vous maltraiter.

Conclusion
Si votre vase d'amour est vide, avant que le remords et la haine s'installent, appelez Jésus.

Questions

1. Que représentent les chiffres 6 et 7 dans la Bible?
   Six est le symbole de la limite humaine, sept, la perfection divine
2. Quelles sont les causes probables du vase d'amour vide?
   a. Certains époux ne voient que le coté social, sentimental et oublient le coté psychologique et pratique du mariage.
   b. Ils ignorent que le fiancé de la veille peut être différent du mari ou de la femme d'aujourd'hui.
   c. Les époux peuvent chacun avoir des intentions cachées qui n'étaient jamais révélées dans le contrat de mariage.
3. Quand ce vin peut-il commencer à manquer? Même dès le premier jour des noces.
4. Quelles sont les causes majeures du manque de vin d'amour dans un mariage?
   a. Les dépenses inutiles.
   b. Le manque de communication entre les époux.
   c. L'ignorance de la définition des verbes marier et aimer
5. Vrai ou faux
   a. Un mariage sans limousine est un échec. __ V __ F
   b. L'amour est prouvé par le sacrifice. __ V __ F
   c. Si un homme a deux amantes, il ne peut pas dire à chacune «je t'aime de tout mon cœur». __ V __ F
   d. L'amour, c'est faire le sexe seulement. __ V __ F

Leçon 6 Le deuxième vase: le vase de la joie

Textes pour la préparation: Ps. 34: 6; Esa.1:18; Jn.10:10b; Ph.4:4

Verset de mémoire: Réjouissez-vous dans le Seigneur, je le répète, réjouissez-vous. **Ph.4:4**

Méthodes: discours, comparaisons, questions

But: Présenter la joie comme fruit de l'Esprit pour changer l'atmosphère dans le mariage.

Introduction

Dans la première phase de la vie conjugale, on était si heureux avec une bonne santé, une bonne réserve en banque. On riait de tout et de rien. Les surnoms Chéri, mon ange, Kayotte, Dadoute, Tilolo montaient sur les lèvres comme par enchantement. Nous sommes en train de puiser au deuxième vase.

I. Comment définir le **deuxième vase?**
1. C'est la deuxième phase de la vie conjugale. Un bébé vient. Il est le boss. Le couple doit ajuster son horaire à ses exigences. Vous avez des restrictions sur vos sorties et vos loisirs.
2. Le mari ne veut pas ou ne peut pas coopérer comme l'espère sa femme à cause de sa condition de travail.
3. Il laisse tout à la charge de celle-ci: enfant, maison, cuisine, ménage, lessive, bref elle est une «bonne-à-tout-faire.»
4. Elle a peu de chance pour maintenir sa toilette avec un enfant qu'il faut changer chaque deux heures de temps. Elle devient une *femme pondeuse*[52] qui va passer sa vie entre une robe de grossesse et un tablier à la maison.

---

[52] Femme pondeuse. Se dit de la femme qui porte une grossesse chaque année.

5. Le monsieur retourne, fatigué du travail et veut avoir sa table mise. Après avoir bien mangé, il entre dans sa chambre et dit à sa femme qu'il est prêt. Prêt à quoi?
Où est la joie dans ce foyer? Assurément elle est sortie par la fenêtre la plus proche.

II. Comment peut-on la rétablir?
1. Eclater de colère en pareil cas n'arrangera rien. Se jeter le blâme réciproque est encore pire. Il faut plutôt établir les règles du jeu. Venez et plaidons, disait le prophète Esaïe. Jouons carte sur table. Esa.1:18
2. Il vous faut au préalable
   a. Prier ensemble.
   b. Préparer un budget des revenues et des dépenses.
   c. Etablir un horaire pour votre dévotion, vos affaires, vos loisirs, vos rencontres, vos sorties, tout cela pour le bien de la communauté conjugale.
   d. Considérer vos problèmes en privé et à tête reposée.

III. Quel est le rôle de Jésus en pareil cas?
1. Le gros éclat de rire n'est pas la joie. C'est un feu d'artifice; Il ne va pas durer. La vraie joie vient du Saint-Esprit. Quand on tourne vers Dieu les regards, c'est-à-dire quand on prie, on est rayonnant de joie et d'espoir. Et le visage ne se couvre pas de honte.
2. Ps.34: 6
3. Le conjoint même religieux, ne garantit pas la joie au foyer. Il faut la conversion et la consécration à Jésus.
4. Il promet la vie et la vie en abondance. Jn.10: 10b

Conclusion
La tristesse ride le visage et vous fait vieillir. Venez-vous rajeunir à travers Jésus-Christ, la source abondante de la joie. Votre vase sera rempli jusqu'au bord.

Questions

1. Quel est le deuxième vase dans la vie matrimoniale?
   a. C'est la période d'ajustement de l'horaire avec la venue du premier enfant.
   b. C'est le moment des complications quand le mari ne coopère pas avec sa femme dans l'entretien de l'enfant.
   c. C'est le moment où la femme est plus mère qu'épouse.
   d. Le pire est que parfois le mari égocentrique abuse sa femme.
2. Que faut-il éviter à tout prix? Les clameurs, les blâmes
3. Que faut-il faire?
   a. Considérer le problème à tête reposée.
   b. Préparer un budget.
   c. Considérer un plan de travail ensemble.
   d. Inviter Jésus-Christ comme Divin Epoux et Conseiller.
   e. Qu'est-ce qu'il ne faut pas confondre? Le rire et la joie

Leçon 7   Le troisième vase: le vase de la paix

Textes pour la préparation: Mt. 5 :37; 17 :21; Ro.12 :18; 1Ti.5 :14; He.12 :14; 13 :4; Ja. 5:12
Verset de mémoire: S'il est possible, autant que cela dépend de vous, soyez en paix avec tous les hommes. Ro. 12:18
Méthodes: discours, comparaisons, questions
But: Montrer comment Jésus peut rétablir la paix dans le foyer quand des forces extérieures viennent la déranger.

Introduction
L'une des plus grandes défaites dans la vie en ménage est l'intervention des beaux-parents pour réclamer leur part d'un foyer à la ruine duquel ils ont peut-être contribué. Le vase de paix des époux est rempli de pleurs et de déception.

I. Causes de ce vide dans le ménage
1. La méfiance.
   La transparence est le meilleur moyen de mettre votre partenaire en confiance. Que votre oui soit oui, que votre non soit non, dit la bible. Mt.5 : 37; Ja.5:12
   Ne vous mettez jamais dans une position pour créer le doute chez votre partenaire. Les dégâts seront considérables et parfois irréparables.
   a. Pourquoi donnez-vous le change ou baissez-vous le ton au téléphone à l'approche de votre partenaire?
   b. Pourquoi doit-il ignorer votre salaire et votre manière de dépenser? Pourquoi avez-vous à lui cacher ce que tout le monde connait de vous?

2. L'infidélité du conjoint
   Le visage que vous lui montrez en privé est bien différent de celui que vous lui montrez en public. Vous mentez à votre conjoint et vous le trompez.
   Comment justifier votre amitié avec un autre homme ou une autre femme quand cette relation offense votre partenaire? He.13:4
3. L'intervention des beaux-parents dans le ménage
   a. Leur attente égoïste dans ce ménage n'est pas comblée.
   b. Leur intérêt personnel est en jeu.
   c. Ils se croient permis d'arbitrer les mésententes du couple. 1Ti.5:14
   d. Le partenaire n'était jamais accepté. Des remarques désobligeantes portent leur fils ou leur fille au découragement. Finalement, une occasion se présente pour la rupture. Et voilà! Le vase de la paix est brisé!

II. Comment restaurer la paix
1. Pour qu'elle demeure Il faut:
   a. La transparence. He.12:14
   b. L'oubli des torts qu'il ne faut pas rappeler dans ses discours. Il faut l'esprit de pardon et de conciliation. Proverbe.17:9

   Vous ne devez jamais dire à votre conjoint:
   a. Je ne vous fais pas confiance.
   b. Mon ancien ménage savait faire mieux que vous.
   c. En me mariant à vous, je vous avais fait une faveur.
   d. Vous avez convoité les biens de mes parents.
      Ces termes cruels et brûlants pour ne citer qu'eux, sont mortels et brisent le vase de la paix.

Conclusion

Vous n'aurez jamais la paix sans une confession sincère, sans une vie de jeûne et de prière. Si vous êtes tous deux des enfants de paix, invitez Jésus-Christ, le Prince de Paix et alors le Dieu de paix sera avec vous. Mt.17:21

Questions

1. Donnez trois forces qui peuvent briser le vase de la paix?
   La méfiance, l'infidélité, l'intervention des beaux-parents.
2. Comment s'exprime la méfiance? Par le manque de transparence.
3. Comment s'exprime l'infidélité? Par l'intérêt porté à un autre partenaire au mépris de son conjoint
2. Comment s'exprime l'intervention des beaux-parents? Par leur ingérence dans le ménage sans être invités.
3. Comment restaurer la paix?
   a. Il faut une conscience claire, un esprit de pardon et de réconciliation
   b. Il faut éviter les paroles blessantes
4. Qui peut mieux remplir le vase vide? Jésus, le divin époux.
5. Qu'est-ce-qui est recommandé quand ce vase est brisé?
   Le jeûne et la prière

Leçon 8 Le quatrième vase: le vase de la sécurité

Textes pour la préparation: Ep.5 :29-32; 1Th5 :23; 1Ti.4 :8; He.4 :16; Ap.21:12
Verset de mémoire: Car jamais personne n'a haï sa propre chair, mais il la nourrit et en prend soin, comme Christ le fait pour l'Eglise. **Ep. 5: 29**
Méthodes: discours, comparaisons, questions
But: Encourager les époux à travailler autant que possible à la sécurité de leur femme.

Introduction
Vous êtes-vous jamais posé cette question, savoir : Pourquoi la nouvelle Jérusalem sera-t-elle entourée d'une grande et haute muraille… pourquoi aura-t-elle douze portes gardées par douze anges? Ap.21:12 Y aurait-il un assaut[53] probable de la demeure réservée à l'épouse de Jésus-Christ? Point du tout. Jésus veut seulement nous rassurer que son Eglise jouira d'une parfaite sécurité. En quoi consiste-t-elle dans nos ménages ici-bas?

I. C'est d'abord la sécurité économique
1. L'argent ne fait pas le bonheur soit: mais il y contribue dans une certaine mesure.
2. Un ménage dans la gêne ne peut être heureux surtout quand elle vient de l'insouciance de l'un des conjoints. Vous pouvez alors vous attendre à des représailles.
    a. Comment comprendre qu'un homme refuse de travailler parce que sa femme a un bon emploi. Entre temps, il mange comme un goinfre, s'habille comme un paon, abuse sa femme sans ménagement? Que faites-vous de votre dignité? C'est plus qu'un abus, c'est un vol car Dieu vous donne la femme comme complément. Toute la responsabilité doit retomber sur vous.

---

[53] Assaut nm Attaque

b. Comment comprendre que des beaux-parents s'arrangent pour demeurer chez leurs enfants mariés de façon à mieux les contrôler?

Voyez les oiseaux. Ils bâtissent leur nid et n'hébergent plus les oisillons[54] dès qu'ils peuvent voler de leurs propres ailes. Ep.5:31

II. C'est ensuite la sécurité physique

1. Le mari et la femme ont pour devoir de maintenir la santé du corps par une bonne toilette, par le sport et une bonne nourriture. 1Th.5:23

   Les cheveux, les dents, les pieds et surtout les parties intimes du corps doivent être constamment soignés. Quant à la mauvaise haleine, elle doit être corrigée.
   a. Pour le maintien de la santé
   b. Pour resserrer les liens d'amitié.
   c. Pour conserver pur tout l'être, l'esprit, l'âme et le corps jusqu'au retour de Jésus-Christ. 1Th.5:23; 1Ti.4:8

III. La sécurité spirituelle

Un ménage qui ne prie pas ensemble est déjà sur la pente de la perdition. Priez seul quand vous le voulez mais le ménage doit prier ensemble pour plusieurs raisons :

1. Le mariage est la réunion de trois mystères : Dieu, l'homme et la femme.
2. Pour être sûr de la présence de Dieu, dans le foyer et dans votre vie personnelle, vous devez apporter le mariage chaque jour devant le trône de la grâce. He.4:16
3. Voilà comment conserver le mystère de l'union conjugale avec un seul mari et ne seule femme Ep.5:32

---

[54] Oisillon nm Jeune oiseau

Autrement, vous connaitrez Le mépris, l'abandon, la rancune, la méchanceté, la violence et enfin, le vase de la sécurité sera brisé à l'écueil[55] du divorce.

Conclusion

Vous avez vu comment le couple à Cana allait échouer, n'eut été l'intervention miraculeuse de Jésus. Soyez intelligents. Invitez-le.

Questions

1. Donnez trois points de sécurité dans le ménage?
   La sécurité économique, physique et spirituelle
2. Quel est le rôle de l'argent dans le ménage?
   Il contribue au bonheur.
3. Qui est responsable des grosses dépenses dans la maison?
Le mari
4. Comment maintenir la sécurité physique
   Chacun doit soigner son corps par la toilette et par le sport.
5. Pourquoi?
   Nous sommes les gérants responsables de notre corps devant Dieu.
6. Comment y établir la sécurité spirituelle?
   Par la prière en commun du couple
7. Pourquoi?
   a. Parce que le mariage est la réunion de trois mystères : Dieu, l'homme et sa femme
   b. Parce qu'il faut renouveler les vœux du mariage chaque jour devant Dieu.
6. Que peut-il arriver dans le cas contraire?
   Le mépris, l'abandon, la rancune, la méchanceté, la violence, la séparation

---

[55] Ecueil nm Obstacle

Leçon 9 Le cinquième vase: le vase de la beauté

Textes pour la préparation: Pr.31: 11-31; Eccl. 12:3-9; Esa. 53: 2

Verset de mémoire: La grâce est trompeuse et la beauté est vaine; la femme qui craint l'Eternel est celle qui sera louée. **Pr.31: 30**

Méthodes: Discours, comparaisons, questions

But : Montrer l'importance de la beauté physique et morale dans le mariage

Introduction

Souvent on se fait une idée très vague de la beauté, croyant qu'elle est déterminée par l'attrait physique. L'expérience a prouvé le contraire.

La beauté sous trois aspects différents

Chacun a sa conception de la beauté.
Celui-ci envisage la beauté physique, un autre la beauté morale et un autre la beauté spirituelle.

I. Beauté physique:
   1. Elle attire et séduit tant que la personne peut maintenir un standard. Elle fait impression pour un temps, mais un jour les rides plissent les joues, les os du visage font saillis sur les pommettes, les cheveux blanchissent, des dents manquent. On se courbe, on s'appuie sur un bâton pour se déplacer. On tremble. Le feu de l'éloquence d'hier s'éteint. On craint de paraitre en public. On commence à parler de vous à l'imparfait et bientôt au passé simple. Eccl. 12: 3-9
   2. Salomon dira: «la beauté est vaine». Pr.31: 10a
   3. Ce vase peut aussi être brisé par le chagrin, les mauvais traitements et la maladie.

4. Retenez que ce n'est pas un beau garçon qui a sauvé le monde. La beauté du visage n'est que pure vanité. Jésus n'avait ni beauté, ni éclat, pour attirer nos regards et son aspect n'avait rien pour nous plaire. Esa.53:2

II. **La beauté morale**
1. C'est une grande beauté.
   Elle est caractérisée par la chasteté, l'intégrité, l'amabilité la loyauté, la justice et le sens de responsabilité.
2. Elle vient de la bonne manière du conjoint, de son savoir-vivre, de son savoir dire et de son savoir comprendre.
   Voyons une peinture de la beauté morale d'une femme:
   a. Elle est active et coopère avec son mari. Pr.31: 13, 18
   b. Elle est une bonne mère de famille. Pr. 31 : 15
   c. Elle administre son foyer comme la reine dans une ruche. Pr.31: 15b
   d. Elle investit pour la sécurité économique de la famille. Pr. 31: 16, 25
   e. Elle ne murmure jamais; au contraire, elle ceint de force ses reins et affermit ses bras. Pr. 31: 17
   f. Elle est généreuse et charitable. Pr. 31: 20
   g. Elle fait la fierté de son mari dans le public. Pr. 31: 23
   h. Son mari et ses enfants sont fiers d'elle. Pr. 31: 27
   i. Les affaires d'autrui ne la regardent pas. Pr.31: 27
   Si on veut sélectionner une reine mondiale de beauté, le jury honnête doit lui décerner la médaille de diamant comme lauréate au concours. Pr. 31:29

Conclusion
Cette femme est très recherchée. Est-elle la vôtre? Sinon, allez à Jésus. Il peut vous *composer* une à votre mesure. Il l'a fait pour Adam, pourquoi pas pour vous?

Questions

1. Comment envisager la beauté dans le ménage?
   La beauté physique, la beauté morale et spirituelle.
2. Quelle est le rôle de la beauté dans le ménage?
   Elle attire et séduit tant que la personne peut maintenir un standard.
3. Quelle est le rôle de la beauté morale?
   Elle impressionne et réjouit l'âme.
4. D'où vient-elle?
   De la bonne manière, du conjoint, de son savoir-vivre, de son savoir dire et son savoir comprendre.
5. Donnez des exemples de la beauté morale d'une femme
   La femme laborieuse, la bonne mère de famille, généreuse, charitable, fidèle à son mari
6. Vrai ou faux
   a. Jésus nous a sauvés grâce à sa beauté physique._ V_ F
   b. Il suffit d'être un beau garçon pour réussir dans la vie. __V __F
   c. La beauté morale est supérieure à la beauté du visage. __ V __ F

Leçon 10   Le sixième vase: la beauté spirituelle

Textes pour la préparation: 1Sam.16:7; Ps.15 :4; 46 :11; Eccl.7 :20; Jn. 7:24; 8:15; Ac.10 :34; 16 :31; Ro.3 :10; 1Co.16 :2 ; 1Ti.4 :8; Ja. 2 :4; 1Jn.1 :10; 3 :14

Verset de mémoire: Exerce-toi la piété; car l'exercice corporel est utile a peu de chose, tandis que la piété est utile à tout, ayant la promesse de la vie présente et de celle de la vie à venir.
1Ti. 4:8

Méthodes: discours, comparaisons, questions

But: Montrer la supériorité des valeurs spirituelles sur les valeurs physiques et morales.

Introduction

Ici nous ne pouvons déterminer qui est spirituel et qui ne l'est pas. Christ nous interdit de juger selon les apparences. Dans ce cas, on doit aller aux preuves. Ps.15; 1Sam.16:7; Jn. 7:24; 8:15

I. Des signes indicatifs

1. Quelle est votre réaction face à la haine et la vengeance?
2. Etes-vous prêt à la réconciliation en cas d'offense? Col.3:13
3. Admettez-vous vos erreurs qui sont d'ailleurs communes à tous les hommes?
4. Excusez-vous vos fautes que vous blâmez chez autrui?
5. Ne faites-vous pas de parti-pris dans les jugements pour protéger vos intérêts?
6. Aimez-vous ceux qui ne sont pas aimables? 1Jn.3:14
7. Tolérez-vous ceux qui ne sont pas tolérables?
8. Recherchez-vous ce qui plait à Dieu même au détriment de votre propre avantage? Ps.15:4
9. Ne discriminez-vous pas entre les races et les couleurs? Ac.10:34; Ja.2:4
10. Quelle est la place de Dieu dans votre budget, dans votre famille et dans votre avenir? 1Co.16:2

11. Pensez-vous Dieu, famille, patrie? Ps.46: 11; Ac.16:31
12. **Sachez** que cette beauté peut demeurer seulement quand Jésus remplit le vase. Votre eau d'amertume se changera en vin d'allégresse et de louange au Seigneur.

II. Jésus face à nos défaillances

1. Tous les fils d'Adam sont faillibles[56].Eccl. 7:20; 1Jn.1:10
2. L'homme doit atteindre un point où, pour parvenir à la perfection, il lui faut absolument l'intervention de Jésus-Christ.
3. Chacun de nous peut remplir six vases mais qui seront vidés sans délai. Jésus-Christ seul détient le septième vase d'abondnce. C'est le secours d'en-haut.
4. Arrivé au sixième, ne paniquez pas. Sachez que vous avez un vase de réserve; c'est la source inépuisable de la grâce de Dieu. Passez la parole à Jésus.
    a. Quand l'amour n'est plus, quand la joie s'envole, quand la paix n'est plus, quand la sécurité s'en va, criez: A moi, Seigneur Jésus, au secours!
    Sinon vous allez passer le reste de votre vie à boire l'eau du chagrin et de la déception. Jamais vous n'aurez le bon vin.

Conclusion

Nous sommes au septième jour, c'est-à-dire au jour ou l'un de ces vases manquent. Quand l'un est vide, le suivant le sera tôt ou tard. Prenez vos mains comme plume et vos genoux comme papier. Envoyez un télégramme d'urgence au Seigneur. Autrement, votre foyer est perdu et le Diable est champion.

---

[56] Faillible adj Qui peut se tromper

Questions

1. Quelle précaution à prendre quand il s'agit de beauté spirituelle ?
   Il faut éviter de juger sur l'apparence
2. Comment évaluer la beauté spirituelle ?
   a. Par la priorité à Dieu dans nos affaires
   b. Par notre réaction devant la vengeance
   c. Par notre humilité à admettre nos torts faits à autrui
   d. Par notre impartialité dans les jugements
   e. Par notre esprit de tolérance envers les plus faibles
   f. Par l'acceptation de tous malgré leur couleur et leur race
3. Comment Jésus réagit-il devant nos défaillances?
   Il nous donne ce que nous manquons
4. Comment appeler Jésus dans ce cas?
   Envoyez-lui un télégramme d'urgence par le jeûne et la prière.

Leçon 11 Des vases qui ne peuvent contenir le bon vin

Textes pour la préparation: Ps.15 :3; Pr.16 :28; Mt.18 :10; Jn16 :13; 2Co.4 :7; Ph. 2 :13; He.1 :14; Ap.22:9-15

Verset de mémoire : Nous portons ce trésor dans des vases de terre, afin que cette grande puissance soit attribuée à Dieu, et non pas à nous. **2Co. 4:7**

Méthodes: discours, comparaisons, questions

But: Stimuler les chrétiens à se soumettre à Christ, le divin potier.

Introduction
Tous les vases n'ont pas la même fonction. Là encore, certains vases ne sont bons à rien. J'aurais dû vous amener chez le potier pour le vérifier, mais c'est trop loin. Voyons ces vases qui tout près de nous.

I. **Des pots à fleurs :**
   Ils sont faits pour être placés à l'extérieur de la maison.
   1. Leurs fleurs, leurs parfums sont à la disposition de tous les passants.
   2. Certaines fleurs n'ont pas de parfum du tout. Elles servent seulement à décorer. C'est le cas des belles jeunes filles qui vendent leur chair pour de l'argent.

II. **Des pots aux plants** :
   1. Ils sont percés de trous à la base et sont remplis de terre et du fumier.
   2. Ils portent les plants dans nos jardins potagers. Une fois prêtes, ces plants sont transférés dans le jardin régulier. Leur fonction s'arrête là.
   C'est le cas de jeunes garçons qui abandonnent leurs parents pour prendre soin des prostituées retraitées ainsi que leurs enfants. Ce sont des vases troués qui n'avaient pu retenir le bon vin de la bonne éducation.

III. **Des pots de nuit**
Ils sont faits pour la nuit et non pour le salon.
C'est le cas de jeunes gens livrés à la drogue et qui profèrent toutes sortes de sottises dans leur bouche.

IV. **Des pots sans couvercle: ils sont destinés aux usages vils.**
C'est le cas de jeunes dévoyés et des gens médisants. Ils peuvent être employés pour toutes les affreuses besognes. Ps.15:3

V. **Des pots fêlés : Ils ne peuvent rien retenir**
C'est le cas des gens farceurs et menteurs. Satan peut les utiliser pour vous tromper. Ap.22:15

VI. **Des pots trop minces :**
1. On prend un risque à les utiliser pour recevoir des boissons coûteuses.
C'est le cas de gens fragiles et sans caractère. A compter sur eux, vous courez un grand risque. Pr.16:28
2. Les vases dans les noces étaient tous d'une contenance de 20 gallons. On peut juger de leur épaisseur pour garder un vin fermenté.

VII. **Le chrétien, un vase de terre.**
1. Nous étions tous de ces vases cités plus haut. Jésus le grand potier nous a réparés. Il met en nous le trésor de l'Evangile. 2Co.4:7
2. A cause de notre fragilité pour le porter, il nous donne le Saint Esprit pour nous conduire saint et sauf dans toute la vérité. Jn.16: 13
3. Il met à notre disposition des anges en permanence. He. 1:14
4. Nous ne les voyons pas; mais ils se reconnaissent comme nos compagnons de service. Ap.22:9

5. Ils voient continuellement la face de Dieu pour remettre nos courriers. Mt. 18:10

Conclusion
Si vous voyez en moi des défauts qui vous blessent, ne perdez pas votre temps à me juger. ***Actuellement, Jésus est en train de me réparer.*** Donnez-lui le temps de finir. Vous le saurez quand vous pourrez goûter de moi l'eau changée en vin. Ph.2:13

Questions

1. Citez les vases qui ne peuvent contenir le vin et dites pourquoi.
   a. Les pots à fleur. Ils sont des objets de décoration.
   b. Les pots aux plants. Ils sont troués.
   c. Les pots de nuits. Ils sont d'un usage vil.
   d. Les pots sans couvercle. Ils n'offrent aucune garantie pour garder la pureté du vin.
   e. Les pots fêlés. Ils ne peuvent rien retenir.
   f. Les pots trop minces. On court le risque de perdre son vin.
2. A quoi ressemblent les pots de fleurs?
   Aux jeunes qui répandent l'odeur de leur virginité à n'importe qui.
3. A quoi ressemblent les pots aux plantules? Aux jeunes garçons désœuvrés. Ils abandonnent l'école pour suivre des prostituées retraitées.
4. A quoi ressemblent les pots fêlés? Aux jeunes gens farceurs.
5. A quoi ressemblent les vases trop minces? Aux jeunes gens superficiels sur lesquels on ne peut compter.
6. A quoi ressemblent les pots de nuits? Aux jeunes gens livrés à la drogue et qui disent toutes sortes de sottises dans leur bouche.

Leçon 12   La garantie d'un mariage heureux

Textes pour la préparation: Jn.5 :15; 14:14; Ep. 4 :26; 5 :23; Col.3:12-14
Verset de mémoire: Car le mari est le chef de la femme, comme Christ est le chef de l'Eglise qui est son corps et dont il est le Sauveur. **Ep. 5:23**
Méthodes: discours, comparaisons, questions
But : Montrer le danger d'un foyer bicéphale

Introduction
Savez-vous qu'aujourd'hui les cérémonies nuptiales passent pour des produits cosmétiques sans vertus adéquates pour garantir le bonheur dans le mariage? Que prescrire alors?

I. voyons ce qui ne le garantit:
L'argent, les enfants, les beaux-parents et le sexe. On peut avoir tout cela sans pourtant empêcher une cascade de violence et de crimes pour culbuter le mariage au divorce.

II. Ce qui le garantit
1. La présence de Jésus est la seule garantie dans le mariage. Autrement, le divorce peut débuter dès le premier jour de la lune de miel. Jn.15: 5
   a. On ne se marie pas pour un jour, mais chaque jour et pour toujours.
   b. Jésus doit être le cosignataire[57] dans l'acte de mariage et dans la vie des conjoints autrement, le mariage n'existe pas. Jn.14:14
2. **La compréhension**
   Jésus seul peut combler le vide dans le mariage.
   Il faudra aux conjoints:

---

[57] Cosignataire nm Personne qui a signé avec une ou plusieurs autres

a. Savoir pardonner et oublier pour ne pas torturer le partenaire avec des paroles blessantes. Ep.4:26
  b. Savoir tolérer. Le mariage a toujours eu lieu entre deux imparfaits. Ils doivent accepter *que moins par moins donnent plus*. Jésus seul peut balancer leur équation. Col.3:12-14
  c. Le foyer avec deux partenaires de même caractère aura beaucoup de peine à progresser. C'est le choc des idées et non des tempéraments qui fait jaillir la lumière.

3. **Ce qu'il faut retenir**:
   Avec les partenaires humbles, les arguments cessent et le foyer va plus vite. L'un complète l'autre.
   Ce qui manque chez vous est ce qui est de trop chez lui et vice versa. Allons aux exemples vécus:
   a. Si l'un est économe, l'autre est gaspilleur.
   b. Si l'un aime l'aventure, l'autre aime la maison.
   c. Si l'un aime plaisanter, l'autre prend tout au sérieux.
   d. Si l'un aime se coucher tôt, l'autre au contraire aime se coucher tard.
   e. Si l'un est très débrouillard, l'autre est lent et passif.
   f. On n'en finira pas avec la liste s'il faut comparer le partenaire violent à son partenaire apathique, le partenaire fataliste à son partenaire courageux, le partenaire pieux à son partenaire mondain.
   Il faut savoir fermer les yeux pour vivre avec son prochain.

Conclusion
Ayez vos vases prêts. Le ciel a la réponse.

Questions

1. Quels sont les produits cosmétiques qui ne garantissent pas le mariage?
   a. Le message du pasteur
   b. La bonne réception et les danses
   c. Les nombreux invités
2. Quels sont les éléments importants qui ne garantissent pas le mariage?
   L'argent, les enfants, les beaux-parents et le sexe
3. Qu'est-ce-qui le garantit?
   a. La présence permanente de Jésus
   b. L'humilité des partenaires
   c. L'esprit de compréhension et de tolérance.
4. Comment expliquer la présence de Jésus dans le mariage?
   Il doit être le cosignataire dans l'acte de mariage et dans la vie de chacun des conjoints.
5. Pourquoi?
   A cause de ce qui doit manquer aux conjoints que Jésus seul peut remplacer.
   6. Qu'arrivera-t-il si les partenaires sont de tempéraments semblables? Le foyer ne pourra pas progresser.
   7. Pourquoi? Il faut le choc des idées pour faire jaillir la lumière.

Récapitulation des versets

1. Trois jours après, il y eut des noces à Cana en Galilée, la mère de Jésus était là. Jn.2 :1

2. Sa mère dit aux serviteurs : Faites ce qu'il vous dira. Jn.2 :5

3. Tel fut, à Cana en Galilée, le premier des miracles que fit Jésus. Il manifesta sa gloire et ses disciples crurent en lui. Jn.2 :11

4. Personne n'a jamais vu Dieu : Dieu, le Fils unique qui est dans le sein du Père, est celui qui l'a fait connaitre. Jn.1 :18

5. Maris, aimez vos femmes comme Christ a aimé l'Eglise, et s'est livré lui-même pour elle. Ep.5 :26

6. : Réjouissez-vous dans le Seigneur, je le répète, réjouissez-vous. Ph.4 :4

7. S'il est possible, autant que cela dépend de vous, soyez en paix avec tous les hommes. Ro. 12 :18

8. Car jamais personne n'a haï sa propre chair, mais il la nourrit et en prend soin, comme Christ le fait pour l'Eglise. Ep. 5 : 29

9. La grâce est trompeuse et la beauté est vaine ; la femme qui craint l'Eternel est celle qui sera louée. Pr.31 : 30

10. Exerce-toi la piété ; car l'exercice corporel est utile a peu de chose, tandis que la piété est utile a tout, ayant la promesse de la vie présente et de celle de la vie à venir. 1Ti. 4 :8

11. Nous portons ce trésor dans des vases de terre, afin que cette grande puissance soit attribuée à Dieu, et non pas à nous. 2Co. 4 :7

12. Car le mari est le chef de la femme, comme Christ est le chef de l'Eglise qui est son corps et dont il est le Sauveur. Ep. 5 :23

Série 4

Les Marques De Jésus Et La Marque De La Bête

Avant-propos

Tous les produits d'industrie sont identifiés par une «marque de fabrique.» Notre Dieu met son empreinte sur tout homme et sur toutes choses selon Job 37:7 D'où vient-il que certains hommes portent la marque de Jésus et d'autres la marque de la Bête? Il va sans dire que Satan usurpe[58] les droits de Dieu en exploitant la faiblesse morale et spirituelle des incrédules, des ignorants et des méchants. Cet ouvrage a pour but de vous renseigner sur la force de la signature de Dieu et surtout de vous garder des ruses du Diable. Soyez conséquent avec vous-même.

Rev. Renaut Pierre-Louis

---

[58] Usurper Vt. S'approprier par violence ou par ruse le bien d'autrui

Leçon 1 La marque de Caïn

Textes pour la préparation: Ge. 4 :1-24; Ps.1 :1-6
Texte à lire en classe: Ge. 4: 8-15
Verset de mémoire: L'Eternel lui dit: «Si quelqu'un tuait Caïn, Caïn serait vengé sept fois». Et l'Eternel mit un signe sur Caïn pour que quiconque le trouverait ne le tue point. **Ge. 4: 15**
Méthodes: Discours, comparaisons, questions
But: Montrer comment en punissant le méchant, Dieu lui donne le temps de se repentir.

Introduction
Caïn tua son frère Abel. C'était le premier crime notoire commis sur la planète, un crime prémédité et porteur de graves conséquences.

I. Comment Dieu met-il le coupable devant sa responsabilité morale ?
1. Avant de prononcer la sentence, Il lui posa une grande question: Qu'as-tu fait? Ge. 4: 10
   Ne t'avais-je pas prévenu des dégâts que pourrait causer ta mauvaise attitude? Ge. 4: 7
2. Maintenant je vous charge de trois châtiments:
   a. Le lieu du crime sera maudit pour toi. Ge. 4: 11
   b. La terre ne donnera plus son rendement habituel. Ge.4: 12
   c. Vous serez errant et vagabond sur la terre. Ge.4:12

II. Quel était l'état d'âme de Caïn et quelle fut sa réaction?
1. Il était déprimé. Ge.4:13
   Quand il dit à Dieu: «Mon châtiment est trop grand pour être supporté», il était sur la pente du suicide. Il aurait pu se donner la mort en un instant. Ge.4:14

2. Sa réaction était à prévoir:
   a. Il s'éloigna loin de la face de l'Eternel. Ge. 4: 16
      C'est le cas des gens ayant une mauvaise conscience; ils veulent s'éloigner de Dieu et de l'Eglise.
   b. Il bâtit une ville. Ge. 4:17
      C'est encore le cas des gens qui s'épuisent dans des activités, dans la drogue ou dans les plaisirs du monde pour fuir leur mauvaise conscience.

III. **Quelle était la réponse de Dieu à cette réaction?**
   1. Il met une marque sur lui. Quelle était cette marque?
      a. C'était un signe d'immunité. Ge.4 :15
         Tant qu'il vit, il doit porter sur lui le stigmate[59] de la mauvaise conscience comme une peine afflictive et infamante.
      b. C'était un signe de mise en garde : On doit fuir sa compagnie si on veut être béni. Ps.1:1
      c. C'était son identité. Il a les traits d'un criminel. Ayant déjà un dossier monstrueux, il ne sera fréquenté que par les gens de sa catégorie. Il n'est pas nécessaire d'étudier l'anthropologie criminelle pour l'identifier.
      d. Un signe d'iniquité : Ce signe est son uniforme de prisonnier. Il doit porter lui-même le prix de son forfait même si, à ses yeux, il soit trop grand pour être supporté. Ge. 4:13
   2. Buts de ce signe :
      a. Lui donner du temps pour subir le châtiment que mérite son crime. Caïn bâtira une ville; autant dire qu'il était condamné aux travaux forcés. Il ne sera ni blessé, ni endommagé pendant toute la durée de ce travail et de plus, il n'aura aucune gloire à en tirer. Ge.4 :16

---

[59] Stigmate nm. Marque durable que laisse une plaie, trace qui marque une dégradation

Remarquez deux choses: il l'a bâtie après s'être éloigné de l'Eternel. Par conséquent, son œuvre n'était pas bénie. D'ailleurs, la ville portera de préférence, le nom de son fils Hénoc. Ge. 4:17

Dieu reconnaît son crime, mais il veut utiliser ses talents de manière appropriée: Son génie civil et d'architecture pour bâtir une ville. Ge 4: 17

   b. Avertir les autres pour qu'ils n'aient pas à l'imiter et subir le même sort.

Conclusion

Elevez votre enfant chrétiennement, loin de la bande de Caïn. C'est le seul moyen de lui assurer un avenir heureux.

Questions

1. Quel était le premier crime notoire commis sur la planète ?
Le meurtre d'Abel par Caïn.
2. Quelle était la punition de Dieu à ce crime?
La malédiction sur Caïn, sur le sol et le lieu du crime
3. Quel était l'état d'âme de Caïn après ce crime?
   a. Il était déprimé.
   b. Il voulut se donner la mort.
   c. Il cache sa mauvaise conscience derrière une grosse œuvre, la construction d'une ville.
4. Pourquoi Dieu n'a-t-il pas tué Caïn?
   a. Pour lui donner le temps de purger sa peine.
   b. Pour lui donner le temps d'utiliser ses talents au profit des autres.
   c. Pour nous mettre en garde de l'imiter
5. Quel était le signe sur Caïn?
   a. Un signe d'immunité
   b. Un signe de criminel
   c. Un signe d'iniquité

Leçon 2 Les marques de Dieu sur les enfants d'Israël

Textes pour la préparation: Ge.15 :3; 17 :9-14, 24-26; Ex. 12 :1-13; Lev.19 : 28; No. 6:22-27
Versets à lire en classe: No.6 :22-27
Verset de mémoire: C'est ainsi qu'ils mettront mon nom sur les enfants d'Israël, et je les bénirai. **No.6:27**
Méthodes: discours, comparaison, questions
But : Formuler le droit d'auteur de Dieu sur les enfants d'Israël

Introduction
Il est à remarquer que, dès notre conversion, Dieu change notre nom et appose immédiatement sur nous son sceau d'appartenance. Que veut dire ce sceau?

I. C'est une marque de distinction: Ge.17: 9-14, 24-26
1. La première connue était la circoncision. Dieu adopta Abram et changea son nom en Abraham dans la perspective de sa nouvelle vocation. Abraham veut dire « père d'une multitude».
A ce moment-là, il n'avait pas encore d'enfant légitime. Ge. 15 :3; 17: 5
2. Dès lors, il lui prescrit la circoncision. C'était une marque visible mais qui sera appliquée seulement sur les enfants mâles. Ge. 17:10-12

II. Ce sceau est encore une marque de filiation: No.6:22-27
1. C'était « la bénédiction aaronique».
    a. Le Père garde et bénit. No.6:24
    b. le Saint Esprit donne sa lumière. No.6:25
    c. Le Fils donne sa grâce. No.6:26
    d. Les trois constituent le mystère de La Sainte Trinité qui doit marquer la vie des enfants d'Israël. No.6:27

2. C'était la signature de Dieu sur l'acte de naissance de son peuple, une marque invisible pour marquer sa paternité divine. No.6: 25-27

III. Ce sceau enfin est une marque de rédemption:
1. Pendant leurs préparatifs pour laisser le pays d'Egypte, l'Eternel donna ses instructions à Moise: «Les enfants d'Israël mettront du sang de l'Agneau immolé sur les deux poteaux et sur le linteau de leurs portes. Ex.12:7
   a. Ce sang leur servira de signe d'immunité.[60] Ex.12: 13
   b. Ils seront alors épargnés du fléau de l'ange exterminateur. Ex.12:23
   c. C'est le sceau de Dieu qui nous protège et non le tatou qu'il abhorre. Lev. 19:28

Conclusion
Voyez comment Dieu réclame son peuple parmi les païens! Qu'il est bon d'être compté parmi les enfants de Dieu!

---

[60] Immunité nf. Défense, protection

Questions

1. Citez les trois marques de Dieu sur les enfants d'Israël ?
   La circoncision, la bénédiction aaronique, la rédemption par le sang sur le linteau des portes à la sortie d'Egypte.
2. Quelle était l'acte de Dieu avant la circoncision d'Abram?
   Il changea son nom en celui d'Abraham.
3. Quel sexe était considéré dans la circoncision?
   Seulement le sexe masculin
4. Qui figurait dans la bénédiction aaronique?
   Les trois personnes de la Trinité.
5. Que représentait cette formule de bénédiction?
   a. La signature de Dieu sur l'acte de naissance d'Israël
   b. La paternité divine du peuple d'Israël
6. Quelle marque protégea-t-elle les enfants d'Israël à la sortie d'Egypte?
   Le sang sur les deux poteaux et le linteau des portes.

Leçon 3 Les marques de Jésus

Textes pour la préparation: Es. 53:1-5; Mt. 8:17; 16: 18; Lu. 4:21; 9:51; 19 :10 ; 23: 35-37; Jn. 1:12-29; 3:16; 6:29; 12:27; 14: 3; 19: 24, 28, 36; Ac.20:24; Ro. 5:8; 2Co.11: 23-28; Ga. 2:20; 6:17; Ep.4:11-12; 1Tim.2: 3-5; 2Ti.4:7; He.1:14; 9: 22; 1Pi.1:18-19
Versets à lire en classe: Es.53: 1-5
Verset de mémoire: Car Dieu a tant aimé le monde, qu'il a donné son Fils unique, afin que quiconque croit en lui, ne périsse point, mais qu'il ait la vie éternelle. **Jn.3:16**
Méthodes: discours, comparaisons, questions
But: Justifier la présence de Jésus sur la croix du calvaire

Introduction
Malgré toutes les pressions qu'il avait pour se libérer, Jésus ne pouvait y céder. Lu.23:35-37. Quatre clous le retenaient attaché à la croix. Qu'étaient-ils?

I. **Le premier clou: La volonté de Dieu.** 1Ti. 2 : 4-5
   Dieu veut que tous les hommes soient sauvés. 1Tim2:4
   1. Il n'a pas envoyé un ange pour les sauver. Les anges sont des esprits, partant, **ils n'ont pas de sang**. Or sans effusion de sang, il n'y a pas de pardon. Heb.1:14; 9:22
   2. La Parole de Dieu s'est donc faite chair pour venir et verser son sang pour notre rédemption. Jn.1:14
   3. Quand il fut attaché à la croix du calvaire, Jésus appela son Père au secours. Mais le ciel était fermé à sa prière parce qu'il était l'agneau de Dieu prédestiné pour être sacrifié pour le salut du monde. Jn.1:29 ; 3 :16

II. **Le deuxième clou: L'amour de Dieu.** Jn. 3 :16
   1. Car Dieu a tant aimé le monde, qu'il consentit à faire le plus **grand** don en offrant le plus **grand** sacrifice pour

sauver le plus **grand** pécheur et lui accorder le plus **grand** salut. Jn.3:16
2. Dieu prouve son amour envers nous en ce que, lorsque nous étions encore pécheurs, Christ est mort pour nous. Ro.5:8

III. Le troisième clou: «Afin que l'Ecriture fut accomplie». Jn.19:24
Cette expression vient comme un refrain à travers les Evangiles.
1. «Afin que s'**accomplisse** ce qui avait été annoncé par Esaïe le prophète: Il a pris nos infirmités et il s'est chargé de nos maladies.» Mt. 8:17
2. Ces choses sont arrivées « afin que l'Ecriture soit **accomplie.**» Jn.19:36
3. « Cette parole de l'Ecriture que vous venez d'entendre est **accomplie** ». Lu. 4: 21

V. Le quatrième clou: l'Etablissement de l'Eglise. Mt.16:18
1. Il l'a bâtie avec son sang. 1Pi.1:18-19
    a. Il y comprit tous ceux qui croient en lui comme sauveur. Jn.1:12
    b. Il marque par l'Eglise sa victoire sur les portes de l'enfer. Mt.16:18
    c. Il pourvoit à tous ses besoins pour son fonctionnement et pour le perfectionnement des saints en vue de son ministère. Ep.4:11-12
2. Il viendra chercher l'Eglise, sa fiancée pour les noces dans la Jérusalem céleste. Jn.14: 3
    Ayant un si grand but, il ne pouvait fléchir devant le devoir et perdre son honneur. Lu.9:51
    C'est pour cette heure qu'il était venu, disait-il. Jn.12: 27
    Voilà les **marques de Jésus** dont Paul fait référence. Ga.6:17
    a. Il doit faire la volonté de Dieu dans sa vie. Ac. 20:24

b. Il doit accepter de souffrir des autres à cause de Christ. 2Co.11:23-28
c. Il doit s'oublier pour laisser Christ le diriger. Ga.2:20
d. Il doit coopérer avec joie pour l'établissement et l'affermissement de l'Eglise jusqu'au jour des noces de l'Agneau dans le ciel. Ep.4:11; 2Ti.4:7

Conclusion

La marque des clous aux mains et aux pieds du Seigneur était, aux yeux de Thomas, une preuve convaincante et indiscutable de la résurrection de Jésus-Christ. Vous en faut-il d'autres pour croire en Jésus-Christ et le suivre ?

Questions

1. Quels sont les clous qui avaient retenu notre Sauveur sur la croix?
   a. La volonté de Dieu
   b. L'amour de Dieu
   c. L'accomplissement des prophéties
   d. L'Etablissement de son Eglise
2. Comment Paul considère-t-il ces marques dans sa vie?
   a. Comme une obligation pour lui d'obéir à Dieu
   b. Comme une obligation pour lui de souffrir pour Jésus-Christ
   c. Comme une obligation pour lui de servir Dieu.
   d. Comme un engagement à travailler pour l'avancement du règne de Dieu.
3. Pourquoi Dieu n'avait-il pas envoyé un ange pour nous sauver?
   a. Les anges sont des esprits. Partant, ils n'ont pas de sang.
   b. Il faut que le sang de l'agneau soit versé pour notre rédemption
4. Comment expliquer ici l'amour de Dieu?
   Par le sacrifice de Jésus-Christ pour le salut du plus vil pécheur

Leçon 4 Les marques du chrétien

Textes pour la préparation: Joël. 2: 28-29; Jn.1:12; 15:4; Ac. 2:38; 11: 19-30; 13:1-2; 1Co.9:16; 2Co.1 :21-22 ;8:5; Ga.2:20; Ep.2: 1-10; 4 :30; Col.3:1-4; 1Jn.3:2
Texte à lire en classe: Ac.11: 19-26
Verset de mémoire: Ce fut à Antioche que, pour la première fois, les disciples furent appelés chrétiens. **Ac.11:26b**
Méthodes: discours, comparaisons, questions
But: Montrer comment on peut identifier un chrétien

Introduction
Si les enfants mâles d'Israël portaient sur eux une marque visible, **la circoncision** et une marque invisible, **la bénédiction aaronique**, le chrétien, mâle ou femelle, porte aussi une marque invisible mais qui sera quand même découverte. Quelle est cette marque?

I. Une marque invisible: Le sceau du Saint-Esprit.
1. Une fois converti, le croyant reçoit le sceau du Saint-Esprit pour l'identifier comme la propriété de Dieu. 2Co.1:21-22; Ep.4:30
2. C'est la prophétie de Joël accomplie au jour de la Pentecôte. Joel. 2:28-29; Ac.2:38
3. Avec ce sceau, il obtient la nouvelle naissance qui le privilège comme enfant de Dieu. Jn.1:12.
4. Mais comment le prouver? Il lui faut avoir aussi des marques visibles.

II. Des marques visibles: Les mains et les pieds percés.
Il ne s'agit pas de vous faire percer les mains et les pieds d'une manière littérale. Il veut dire que vous êtes attaché à Christ et que jamais vous n'irez nulle part. Le chrétien doit avoir sur lui les marques de Jésus. Ces marques paraîtront dans sa vie. Le non croyant doit

constater que vos mains et vos pieds sont percés à partir de votre témoignage, avant de vous appeler chrétien. Ac.11:26b
1. La nécessité d'avoir les mains et les pieds percés.
    a. Pour vous garder **attaché à Christ seul** en vue de porter du fruit. Jn.15:4
    b. Pour être semblable à lui. 1Jn.3:2
    c. Votre corps et vos biens doivent être investis à la cause du maitre. C'est alors que vous pourrez chanter:
    > «Mon corps, mon cœur, mon âme
    > Ne m'appartiennent plus.
    > Ton amour les réclame,
    > Ils sont à toi Jésus.»
2. Vous contribuerez parce que vos mains sont percées au point de souffrir pour son Eglise et pour les autres. Par exemple, quand la sécheresse frappa les chrétiens de la Judée, l'Eglise d'Antioche leur fit parvenir des dons par les mains de Barnabas et de Paul. Ac.11: 28-30
3. Vous irez prêcher la Parole parce que *vos pieds doivent être percés par la persécution pour vous obliger à rester dans le chemin de l'Evangélisation.* Ac.11: 19
4. Vous enseignerez la Parole comme étant une obligation impérieuse.
    a. Barnabas amena Paul à Antioche, un pays païen, pour établir un ministère. Ac.11:26
    b. Paul se croira maudit s'il ne prêche pas l'Evangile. 1Co.9:16
5. Vous soutiendrez l'œuvre missionnaire.
    a. Par le jeûne et la prière. Ac.13:1-2
    b. Par vos dons en nature et en espèce. 2Co.8: 5
    c. Par le don de vous-même et de vos talents. 2Co.8:5

Conclusion

Si vous avez ces marques en vous, elles seront perçues dans vos paroles et dans vos actes d'apôtre pour le Seigneur. Les païens les verront et rendront témoignage en disant: Voilà un chrétien!

Questions

1. Où les disciples furent-ils appelés chrétiens pour la première fois?
   A Antioche, dans un pays païen
2. Quelle est la marque invisible sur le chrétien?
   Le sceau du Saint-Esprit.
3. Comment reconnaitre un chrétien?
   Il doit avoir les mains et les pieds percés comme Jésus
4. Expliquez
   a. Il doit livrer son corps et ses biens à la cause du Seigneur.
   b. Il doit contribuer pour l'œuvre de Dieu.
   c. Il doit servir Dieu dans les autres.
5. Donnez au moins quatre exemples
   Vous devez prêcher, enseigner, contribuer, jeûner et prier.
6. Vrai ou faux
   a. Le chrétien doit avoir des tatous sur le corps _ V_ F
   b. Le chrétien doit aller et prêcher la parole _ V __ F
   c. Le chrétien doit prêcher la parole même quand il est persécuté _ V _ F
   d. La bonne conduite du chrétien est de garder le silence devant les non croyants__ V __ F
   e. Le bon chrétien doit voir un chirurgien pour lui percer les mains et les pieds. __V__F
   f. Le bon chrétien doit porter sur lui un maillot avec une croix et la photo de Jésus sur lui. __V __ F

Leçon 5   Les marques du chrétien (suite)

Textes pour la préparation: Es.53:4; Mt. 7:1-2; 12:20; Jn. 4:29; 8:12; Ac. 2: 44-45; 4:32; 20:24; Ro.12:3; 1Co.13:4; 2Co.6:4-10; Ga.6:1-17; Ph.2:5-11; Ja.3:2; 1Jn.3:16
Versets à lire en classe: 2Co.6:4-10
Verset de mémoire: Que personne désormais ne me fasse de la peine, car je porte sur mon corps les marques de Jésus. **Ga.6:17**

Introduction
Nul chrétien ne peut porter les marques de Jésus sans lui ressembler. Ces marques doivent donc être de qualités spirituelles.

I. La première marque: la grâce et la douceur.
Il ne s'agit pas, en effet, de vous faire percer les mains et les pieds avec un poinçon. Encore moins de faire le signe de la croix qui ne vous engage en rien. Il s'agit plutôt de vous identifier à Christ dans ses souffrances.
1. Le chrétien sait combien il coutait à Christ pour le sauver. Il a souffert pour nous, disait Esaie. Es. 53: 4
   A notre tour de souffrir pour nos frères à cause de Christ. 1Jn.3:16
   Ainsi nous chercherons à reprendre notre frère avec douceur pour le relever de sa chute. Ga. 6:1
2. Nous le ferons ainsi en nous gardant de tomber sur la même pente, car nous bronchons tous de plusieurs manières, dit l'apôtre Jacques. Ga.6:1; Ja.3:2

II. La deuxième marque: l'humilité
C'est la vertu centrale de la vie chrétienne. Avec elle, Jésus a conquis le trophée de gloire. Humble à cent pour cent, Dieu l'a aussi élevé à cent pour cent. Ph. 2: 5-11
A quoi peut-on reconnaitre cette marque dans le chrétien?

1. Il n'hésitera pas une seconde à dire qui il était sans rougir ni s'excuser. Jn.4: 29
2. Il marchera toujours sur les traces du Sauveur. Jn.8:12
3. Il vivra pour Dieu sans se soucier des opinions d'autrui. Ac. 20:24
4. Il n'a pas une trop haute opinion de lui-même. Ro. 12:3
   a. C'est pourquoi il ne se vante point et ne se compare à personne. 1Co.13:4
   b. Il sait qu'il a trop de compte à rendre à Dieu pour lui-même pour ne pas perdre son temps à juger les autres. Mt. 7: 1-2

III. **La troisième marque: la gratitude et la responsabilité.** Ga. 6:6-10
   1. Le chrétien est dominé par l'esprit de partage. Ac 2: 44-45; 4:32
   Cette vertu apparait normalement dans sa vie quand il considère les grâces de Dieu dont il jouit et qui ne sont en rien comparables aux biens de la terre.
   2. De plus, le chrétien bénéficiaire des messages de la parole se reconnait redevable envers le messager de Dieu. Ga. 6: 6

Conclusion

A ceci tous connaitront que vous êtes des chrétiens si vous avez de l'amour les uns pour les autres.

Questions

1. Citez les marques spirituelles du chrétien
   La douceur, l'humilité, le sens de responsabilité
2. Comment reconnaitre le sens de responsabilité chez lui?
   Il est dominé par l'esprit de partage et de service.
3. Comment reconnaitre la douceur chez lui?
   Par sa manière aimable en exhortant le frère fautif
4. Comment reconnaitre son humilité ?
   a. Il confessera ses fautes.
   b. Il n'a pas de lui-même une trop haute opinion
   c. Il marchera sur les traces du Seigneur.
5. Pourquoi agit-il avec douceur envers le prochain ?
   Il pardonnera le coupable comme Christ l'avait pardonné.
6. Pourquoi fait-il montre du sens de responsabilité?
   Il se reconnait redevable envers ses conducteurs
7. Pourquoi ne juge-t-il pas les autres?
   Il sait qu'il a trop de comptes à rendre à Dieu pour s'occuper à juger les autres.

Leçon 6 La Bête

Textes pour la préparation: Ro.13: 11-12; Ap. 13:1-18; 17: 1-18; 18:1-8
Versets à lire en classe: Ap.13:1-10
Verset de mémoire: C'est ici la sagesse. Que celui qui a de l'intelligence calcule le nombre de la bête. Car c'est un nombre d'homme, et son nombre est six-cent-soixante-six. **Ap.13: 18**
Méthodes: Discours, comparaisons, questions
But: Rappeler aux chrétiens que la persécution pour leur foi est toujours probable.

Introduction
Avant de parler de «La marque de la Bête» il nous faut définir la BETE. Est-ce une personne? Est-ce un système géopolitique[61]? Est-ce une idéologie? Comment la présenter à nos lecteurs?

I. C'est un système religieux:
La Bête est appelée «La mère des prostituées et des abominations de la terre.» Ap.17:5
1. Elle exerce une grande influence auprès des dirigeants mondiaux en faisant des échanges avec eux. Elle adopte le principe administratif de tous les pays d'accueil. Ap.17:1-2
   a. Il suffit d'une encyclique[62] envoyée aux Eglises du monde entier pour qu'en un seul jour, la décision du Souverain Pontife soit exécutée par tout le Clergé.
   b. L'autorité pontificale[63] était telle qu'au 15eme siècle, l'Espagne Catholique déploya l'Inquisition[64] pour tuer tous les protestants du pays par la torture.

---

[61] Système géopolitique Etude des rapports entre les données géographiques et la politique des Etats.
[62] Encyclique nf. Lettre circulaire du pape adressée aux évêques pour les fidèles.
[63] Autorité pontificale nf. Autorité du pape

c. La reine de France, Catherine de Médicis influença son fils, le roi Charles IX, pour orchestrer la Sainte Barthélémy le 24 Août 1572. C'était une messe où les protestants étaient invités à l'unification avec l'Eglise Catholique. C'était un piège car, à l'issu de cette messe, plus de 3000 protestants furent massacrés.
2. Une Eglise très riche, très prospère « parées d'or, de pierres précieuses et de perles» Ap.17:4
   a. Si du dixième au quinzième siècle, les Croisés s'accaparèrent de tous les lieux saints de La Palestine pour ériger leurs temples, aujourd'hui cette Eglise s'enrichit en acceptant dans son sein les francs-maçons, les rosicruciens et les vodouisants. Il suffit de recevoir le baptême chrétien sans foi ni repentance, pour être appelé enfant de Dieu sans restriction.
   L'apôtre Jean l'appelle «la grande prostituée qui se livre à la débauche avec les rois. Sur son front est écrit un nom de mystère: Babylone la Grande, la mère des prostituées et des abominations de la terre. Ap.17: 1-4
   Jésus prévient son peuple de s'éloigner d'elle pour ne pas se souiller. Ap.18:4-5

II. Un monstre

C'est une bête à sept têtes et dix cornes qui monte de la mer. Ap.17 :9
1. La femme ici est le symbole du Vatican. Ap.17 :9
2. Les sept têtes sont sept montagnes. Ap.17 :9
   Seule la ville de Rome dont est issu l'Etat du Vatican, est bâtie sur sept collines ou Septimontium comprenant : Palatium, Velia, Subure, Cermalus, Caelius, Oppius, Cispius. Les dix cornes représentent les rois de L'Ancien Empire Romain d'Occident. Il

---

[64] Inquisition nf. Enquête considérée comme arbitraire et vexatoire

réapparait avec les 10 royaumes du Marché Commun Européen, savoir:

L'Allemagne, la Grèce, les Pays-Bas, l'Angleterre, La France, La Grèce, La Belgique, le Danemark, l'Italie et le Luxembourg.

    a. Lorsque le Marché Commun Européen aura connu la faillite, il fera certainement appel à l'Evêque de Rome pour assurer l'hégémonie[65] mondiale.

    b. Sa stratégie sera alors de se rattacher toutes les Eglises protestantes du monde selon l'affirmation du Cardinal Levada. Voilà pourquoi depuis l'année 1958, le pape Jean XXIII, à la faveur du Concile du Vatican II (1962-1965), engagea officiellement l'Eglise catholique dans l'œcuménisme et la recherche de l'unité des chrétiens. Cette idée est renforcée en 1995 par le pape Jean Paul II.

Si ces ressemblances à la Bête ne sont pas concluantes, il faudra nous attendre néanmoins à un système mondial dont le pouvoir sera remis à un homme qui incarne la sagesse de gouverner. Les prophéties marchent vite. Il n'est que d'attendre.

Conclusion

Eglise de Jésus-Christ, c'est l'heure de vous réveiller enfin du sommeil car la délivrance est plus près de nous que lorsque nous avions cru. La nuit est avancée, le jour approche. Dépouillons-nous donc des œuvres des ténèbres et revêtons les armes de la lumière. Ro.13: 11-12

---

[65] Hégémonie nf. Suprématie, pouvoir dominateur d'un Etat

Questions

1. Quel est le nom donné à la BETE dans la Bible?
   La mère des prostituées et des abominations de la terre.
2. Comment établit-elle son influence?
   a. En adoptant le principe administratif de tous les pays où elle fonctionne.
   b. En faisant exécuter ses décisions à travers le monde entier par une encyclique.
   c. En exerçant son pouvoir sur les rois de tous les pays qui l'accueillent.
3. Comment Jean l'appelle-t-il? Babylone la grande
4. Quelle est l'ordre de Jésus à son sujet?
   De nous éloigner d'elle pour ne pas nous souiller.
5. D'après l'Apocalypse, où se trouve son siège? Sur sept montagnes
6. Quel est son plan? Une domination mondiale avec l'autorité d'interférer dans toutes les transactions.

Leçon 7 La marque de la Bête

Textes pour la préparation: De.6 :8; Esth.1: 1.21-22; Da.3:29; Lu.2 :1; Ep.4 :30; Ap.13 :15-17 ; 14:1; 17 :2; 20:4
Versets à lire en classe : Ap.13 :11-18
Verset de mémoire : Et il fut donné d'animer l'image de la bête, afin que l'image de la bête parle, et qu'elle fasse que tous ceux qui n'adoraient pas l'image de la bête soient tués.
Ap.13: 15
Méthodes : discours, comparaisons, questions
But: Fortifier la foi des chrétiens face aux éventuelles persécutions

Introduction

Avant de déborder sur des explications prophétiques, il nous faut retenir que le chiffre 6 dans la Bible est le symbole de la limite humaine; le chiffre 666 souligne l'échec total des gouvernements dans leur effort pour apporter la paix dans le monde. Le chiffre 7 en effet, exprime la perfection divine. Définissons maintenant les secrets de 666.

I. Quelles seront les raisons évoquées pour son emploi?

1. Elle servira d'identification pour tous les adhérents[66] du système mondial en cours. Elle a la capacité de stocker toutes les informations concernant votre vie, votre casier judiciaire, votre dossier sanitaire et vos données financières.
2. Elle sera contraignante car elle remplacera la monnaie légale actuelle.
   Elle est déjà obligatoire en Australie, en Nouvelle Zélande, en Afrique du Sud.
3. Vous ne pourrez faire aucune transaction sans cette marque. Plus qu'une carte de crédit, elle vous servira de

---

[66] Adhérent adj. Fortement attaché à

code pour la fermeture de votre voiture, de votre maison, de votre bureau et de votre coffre-fort.
4. Elle vous permettra de retrouver votre enfant ou vos parents qui se perdent car elle est liée au satellite-radar qui détectera et localisera à la seconde, l'objet perdu.
5. Néanmoins, elle permettra de baisser le taux de criminalité parce que vous n'aurez plus besoin de porter une bourse.

II. Où sera-t-elle appliquée?
1. Symboliquement: sur le front et sur la main. En d'autres termes elle doit dominer vos pensées et vos actions. De.6:8
2. Physiquement: ce sera une puce électronique appelée encore biopuce ou microchip qui sera insérée dans la paume de la main droite ou sur le front des adhérents. Ce sont d'après les recherches, les seuls endroits du corps fiables pour le rechargement automatique de la pile au lithium[67]. Ap.13:16-17

III. Que symbolise-t-elle?
1. L'obéissance a un empire mondial formé de toutes les nations tributaires ou affiliées à ce système. L'idée n'est pas nouvelle. Rappelez-vous de ceci:
   a. Nebucadnetsar publia un décret mondial qui serait étendu sur **l'empire babylonien** de cent-vingt royaumes. Da.3:29
   b. Assuérus en avait fait autant pour l'empire Perse de cent-vingt-sept royaumes. D'ordinaire, il envoie une lettre circulaire à **tous les pays tributaires de son empire** selon leur dialecte ou leur langue. Est.1:1,21-22
   c. César Auguste fit de même pour l'empire romain. Il ordonna un **recensement de toute la terre**. Lu.2:1

---

[67] Pile au lithium Batterie composée avec ce métal blanc, alcalin

d. La grande Babylone sera une autorité religieuse avec le pouvoir de prendre une **décision mondiale**. Elle s'imposera par la puissance économique et militaire sur toutes les religions et persécutera tous ceux qui refusent de lui obéir. Ap.13 :15

Conclusion

Chrétiens, sachez que vous avez déjà sur votre front le sceau de Jésus. Ap.14 : 1; 22:4.

Gare à vous si vous acceptez la marque de la bête! Autrement vous n'aurez pas droit à la vie éternelle. Et pour vous, mon ami, je vous supplie d'accepter Jésus-Christ comme votre sauveur. Il vous marquera de son sceau. C'est le seul moyen de vous libérer du joug humain et de la perdition.

Ep.4:30; Ap.14:1; 20:4

Questions

1. Que représente le chiffre 666 dans la Bible ?
   L'incapacité des gouvernements pour assurer la paix mondiale.
2. Comment est-il appelé dans la Bible? La marque de la Bête
3. Quelle sera sa fonction?
   Servir comme signe d'identification, d'archives des données concernant votre vie.
4. Sera-t-elle facultative?
   Non. Elle sera obligatoire. Vous ne pourrez faire aucune transaction sans elle.
5. Où sera-t-elle appliquée? Sur le front ou sur la paume de la main
6. Que symbolise-t-elle? L'obéissance a un empire mondial
7. Quels sont les rois qui exerçaient autrefois une autorité mondiale?
   Nebucadnetsar, Assuérus, César Auguste
8. Vrai ou faux
   a. La Bête ici est un animal à quatre pattes. __ V __ F
   b. Le Chrétien doit adorer la Bête.__ V __F
   c. Jésus donnera la force aux chrétiens face aux persécutions. __V __ F

Leçon 8 La marque de la Bête (suite)

Textes pour la préparation: Ecc. 8 :6; Ap.6:15-17; 7 :2; 13: 4-8; 16 :2; 18:6-8; 20:4-6; 22:3-5
Versets à lire en classe : Ap.17:7-13
Verset de mémoire: Et il fit que tous, petits et grands, riches et pauvres, libres et esclaves, reçoivent une marque sur leur main droite ou sur leur front, et que personne ne puisse acheter ni vendre, sans avoir la marque, le nom de la bête ou le nombre de son nom. **Ap.13:16**

Introduction
Pour toutes choses il y a un temps et un jugement... dit l'Ecclésiaste. Eccl.8:6
Qu'en sera-t-il à la fin de ce cauchemar eschatologique?

I. **Pour ceux qui ont accepté librement de recevoir la marque de la Bête.**
   1. Ils jouiront un temps de splendeur avec la Bête. Ap.13:4,8
   Mais bientôt, ils seront frappés par la colère de Dieu.
   Ils seront tourmentés dans le feu et le soufre devant les saints anges et devant l'Agneau Ap. 14:10

II. **Pour ceux qui refusent de trahir leur foi.**
   1. Ils seront identifiés par le sceau que mettra le Seigneur sur eux. Ap. 7: 3
   2. Les chrétiens seront persécutés à cause de leur désobéissance aux décisions de la Bête. Ap.13:7
   3. Mais leurs persécuteurs rendront l'âme de terreur sous le coup du jugement de Dieu quand ils auront à payer cher pour leur forfait. Ap.6:15-17; 7:2; 18:6-8
      a. Les chrétiens préfèreront souffrir jusqu'au martyr au lieu de trahir leur foi en Jésus-Christ. Ap.13:7
      b. Ils refuseront d'insérer sous leur front ou sur la paume de leur main la puce électronique, cette

marque de la Bête et tout ce qui attrait au chiffre 666. Ap.18:4; 20: 4
4. Ils auront part à la première résurrection. Ainsi la seconde mort n'aura point de pouvoir sur eux. Ap.20:6
5. Leur nom sera inscrit pour toujours dans le Livre de Vie de l'Agneau. Ap.20:15
6. Ils règneront avec Christ pendant mille ans. Ap. 20 :4
7. A la fin du monde, et dans l'éternité, ils seront aux pieds de Dieu et de l'agneau pour le servir éternellement. Ap.22: 3-5

Retenez que DIMANCHE N'EST PAS LA MARQUE DE LA BETE. DIMANCHE VIENT DU LATIN DOMINICUS, QUI VEUT DIRE **JOUR DU SEIGNEUR**. Le jour du Seigneur, c'est le jour des chrétiens et non des juifs ou des observateurs du Sabbat. En ce jour, ils commémorent la victoire de Christ sur le Diable, le monde et sur la mort. Il ne saurait être la marque de la bête.

Conclusion

Je vous supplie mon bien-aimé, mettez votre vie dans un compte d'épargne à la Banque de Dieu. Le jour viendra où vous en ferez un tirage à revenu inépuisable.

Questions

1. Quel sera le sort des adorateurs de la Bête et de son image?
    a. Ils jouiront pour un temps avec la Bête
    b. Ils seront jetés dans l'étang de feu et de soufre
2. Quel sera l'attitude des fidèles chrétiens?
    Ils refuseront de mettre le sceau sur leur front ou sur la paume de leur main et tout ce qui attrait au chiffre 666
3. Quel sera leur sort?
    a. Jésus mettra son sceau sur eux
    b. Ils seront persécutés pour leur foi
    c. Ils auront part à la première résurrection
    d. Ils règneront avec Christ pendant mille ans
    e. Ils demeureront aux pieds de Dieu et de l'Agneau dans l'éternité.
4. Pourquoi le dimanche ne peut-il être considéré comme la marque de la Bête?
    a. C'est le jour du Seigneur.
    b. C'est le jour de la célébration de la résurrection du Seigneur.
    c. C'est le jour de la célébration de sa victoire sur le diable, le monde et la mort

Leçon 9 Réformation Soyez transformés.

Textes pour la préparation: Ps.1: 1-3; 119 :11; Mt.20: 20-21; Lu.9 :52-56; Ro. 12 :1-3; 1Co.11 :1; Col. 3 : 13; 1Ti. 1 :13; 2Ti.2 :2; Ti.2: 6-8; He.13:8; 1Jn.2:12-14
Versets à lire en classe : Ro.12:1-3
Verset de mémoire: Ne vous conformez pas au siècle présent, mais soyez transformés par le renouvellement de l'intelligence afin que vous discerniez quelle est la volonté de Dieu : ce qui est bon agréable et parfait. **Ro.12:3**
Méthodes: discours, comparaisons, questions
But: Conscientiser les chrétiens sur le besoin de se repentir de leur mauvaise conduite.

Introduction

Si Martin Luther revient aujourd'hui, quelles traces de la Réformation va-t-il retrouver dans nos Eglises dites Réformées? La Réformation est-elle une affaire de doctrines ou de religion? Pourquoi ne pas la regarder plutôt sous l'angle de la croissance spirituelle ? A ce stade, Jean met en relief trois phases de la vie pour symboliser la maturité chrétienne. Ce sont: l'enfance, la jeunesse, l'âge adulte.

I. L'enfance

1. L'enfant ne réfléchit pas. Il n'a pas de patience. Il crie pour n'importe quoi.
2. Il est égoïste. Sa maman et son jouet sont choses sacrées. Nul ne doit y toucher.
3. L'enfant a ses humeurs. Ses changements sont imprédictibles[68].
   a. Les nouveaux convertis sont des bébés dans la foi. Jean leur écrit pour leur annoncer que leurs péchés leur sont pardonnés. Jésus leur pardonne toutes leurs erreurs parce qu'ils agissaient dans l'ignorance.1Ti.1:13;1Jn.2:12

---

[68] Imprédictible adj. Imprévisible. Qui échappe à la prévision

b. Jean parlait comme un enfant quand il demandait à Jésus de consumer tous ceux qui leur refusaient l'hospitalité à Samarie. Lu. 9: 52-56
   c. Il revient, à côté de son frère, avec une autre requête puérile quand il sollicita de Jésus la première place à ses côtés dans le royaume de son Père. Mt.20:20-21
   d. Ainsi le chrétien boudeur, instable, irréfléchi est un bébé. C'est à lui que Jean s'adresse.

II. La jeunesse 1Jn.2: 13
   1. Jean dit qu'il écrit aux jeunes pour trois raisons:
      a. *Parce qu'ils sont forts.* 1Jn.2 : 14
         Leur mémoire est alerte, leur force physique est vigoureuse, leur travail leur procure un bon salaire. C'est donc qu'ils sont forts au point de vue physique, intellectuel et économique.
      b. *Parce que la Parole de Dieu demeure en eux.*
         Leur force spirituelle valorise leur force physique. Tout ce que vous faites réussira, si la Parole de Dieu **demeure** en vous. Ps.1:1-3
      c. *Parce qu'ils ont vaincu le malin.*
         Vous ne pourrez vaincre le malin si Dieu ne demeure pas en vous.
         Une Eglise fréquentée par de jeunes ménages ayant ces trois points en évidence, est une Eglise réformée, renouvelée, développée et enrichie.
         Si vous êtes actif, dévoué et consacré au Seigneur et à son Eglise, c'est à vous que Jean s'adresse.

III. Les adultes
Jean s'adresse aux pères pour trois raisons très profondes:
   1. *Première raison*: Ils ont connu celui qui **est** dès le commencement. 1Jn.2:13
   2. *Deuxième raison*: Il fait référence à leur persévérance, à leur conviction chrétienne et leur foi en Christ. Ces

vertus constituent des références notoires pour tous les chrétiens défaillants et les nouveaux convertis.
1Co.11:1; Ti.2:6-8
Troisième raison: Ils passent aux autres les leçons apprises de Paul et des autres apôtres en présence de beaucoup de témoins. ,2Ti. 2:2
Si l'Eglise de Christ est aujourd'hui déformée, il faut nous demander quels exemples les anciens nous ont laissés.

Conclusion

Il est temps de repenser notre Christianisme. Autrement il nous faut demander à Dieu de nous envoyer un autre Martin Luther à cause de nos Eglises hier transformées aujourd'hui déformées et déguisées.

Questions

1. A quel genre de reformation l'Eglise devrait-elle aspirer aujourd'hui? Une croissance spirituelle
2. Comment identifier un bébé spirituel?
    a. Ses raisonnements sont enfantins
    b. Il n'est pas rancunier
    c. Il veut apprendre les versets de la Bible.
3. Comment identifier un jeune dans l'Evangile?
   Il est fort. La parole de Dieu demeure en lui. Il peut vaincre le malin.
4. Pourquoi? Toutes ses facultés sont éveillées. Il peut offrir facilement tous ses services à l'Eglise.
5. Comment identifier l'adulte selon Jean
    a. Par ses expériences chrétiennes profondes et sa vie de persévérance
    b. Par sa conviction chrétienne et sa vie d'exemple

Leçon 10 Thanksgiving L'action de grâce du soldat de Jésus-Christ

Textes pour la préparation: Ge.49:8; 1Sam.17:43-47; 2Chr. 20: 21-22; Job.1:7-12; 39:22-28; Ps. 1:1-6;13:6; 23:6; 34:1-6; 46:1-11; Es. 37:35-39; Mt.5:11-12; Jn. 3:30; 5:24; 9:3;11: 3-6, 25-26; Ac.14:22; 20:24; 2Co.10:12; Ph.1:21; Ja.1:1,12

Versets à lire en classe : Ps.136:10-26

Verset de mémoire: Le Dieu d'Israël donne à son peuple la force et la puissance. Béni soit Dieu! **Ps.68: 36**

Méthodes : discours, comparaisons, questions

But: Présenter le chrétien comme un soldat reconnaissant.

Introduction

Le plus grand objet de réjouissance d'un soldat est d'avoir à affronter son adversaire sur le champ de bataille. Il est fait pour cela. Le vrai chrétien est un soldat. Toute sa vie consiste à braver Satan, l'adversaire aux dépens duquel il va glorifier Dieu. Et pourquoi doit-il en glorifier Dieu?

I. l'Eternel, le Dieu des armées est avec lui.

1. Tant que Satan est à l'œuvre, Dieu nous utilise pour le défier. Job.1 :7-12; Ps. 46:12
    a. En Israël, il choisit la tribu de Juda pour conduire ses batailles. Mais pourquoi Juda? C'est parce que Juda signifie LOUANGE. Mettez la louange à Dieu à la première place et vous verrez. Ge.49:8
    b. La louange voit la victoire avant la bataille. Lorsque le doute voit les géants, la louange voit Canaan. Lorsque le doute voit la capitulation, la louange, au contraire, voit le triomphe. 2Ch. 20: 21-22
2. Le vrai soldat de Jésus-Christ est sans crainte quand la terre est bouleversée parce que Dieu est au milieu de la Cité de Dieu. En Hébreu nous dirions Jehovah-Shamma: L'Eternel est ici. Ps.46 :5-6

II. Il agrandit la foi du soldat

1. Par la confiance qu'il lui inspire, le soldat dira: «Je demeurerai dans les Casernes de l'Eternel jusqu'à la fin de mes jours.» Psaume 23:6 amplifié.
   Il brave le danger comme le cheval au son de la trompette. Job. 39:22-28
2. Le vrai soldat de Dieu le glorifie pour les épreuves, pour l'adversité. C'est pour lui une nouvelle occasion de prouver sa fidélité à l'Eternel, son chef d'armée et d'attendre patiemment sa couronne. Ja.1: 1, 12
3. Il sait que Dieu ne s'intéresse pas à nos batailles. Elles sont déjà gagnées à notre insu. Il s'intéresse plutôt à sa gloire que notre faible foi n'a pu apercevoir. Voilà pourquoi il veut que la chorale ou louange soit placée avant l'armée. 2Chr. 20: 21-22

III. Le vrai soldat de Jésus-Christ dédaigne les aventures trop faciles.

1. Il croit qu'elles cachent un piège. Au contraire, **plus** le danger est grand, **plus** il est fier de confronter l'adversaire car Dieu en aura **plus** de gloire. Jn.9: 1-3; 11:4,15
   Jésus nous en donne l'exemple dans la résurrection de Lazare mort, enterré depuis quatre jours. Soit dit en passant, plus vous êtes prêt de Jésus-Christ, plus vous devez vous attendre à des souffrances extraordinaires mais aussi à des délivrances exceptionnelles. Il avait choisi **son ami** Lazare pour le prouver. Jn.11: 3-6
2. La fierté du vrai soldat est de vaincre ou périr sur le champ de bataille. Il vit et meurt pour une cause. Citons ici un Jean-Baptiste, un Paul et les apôtres, tous des martyrs pour le nom de Jésus-Christ. Jn.3:30; 5 :24; 11:25-26; Ph.1:21

IV. **Le vrai soldat est un athlète**.
   Il perd du poids par le régime et par l'exercice mais gagne en résistance. Ps.1:1-3; Ac.20:24
   1. Le chrétien inconsistant au contraire, est comme du papier ou du carton. Il s'enflamme et se consume facilement à la moindre attaque. Ac.20:24; 1Co. 3:12-13; 9:25-27
   2. Jésus-Christ se glorifie dans nos faiblesses. Il peut alors nous utiliser comme il veut. Paul dira: «Quand je suis faible, c'est alors que je suis fort.» 2Co.10: 12

Conclusion

Jésus n'avait jamais offert aux disciples une croix facile. C'est par beaucoup de tribulations qu'il nous faut entrer dans le royaume de Dieu. Ac.14:22. Dès aujourd'hui n'essayez pas de ménager votre petite personne quand on parle mal de vous ou qu'on vous méprise. Réjouissez-vous, dit Jésus, donnez gloire à Dieu! Votre Sanchérib persécuteur tombera. Vos murailles de Jéricho tomberont. Le géant Goliath perdra sa rhétorique[69] devant vous, et votre récompense, cher petit David, sera grande! 1S.17: 43-47; Es. 37:35-39; Mt. 5:11-12
Criez donc: Vive l'Eternel car il m'a fait du bien! Ps.13:6 Que sa louange soit toujours dans votre bouche. Ps.34:1

---

[69] Rhétorique nf. Art de persuader par le discours

Questions

1. Qu'est-ce qui fait le bonheur du soldat de Jésus-Christ?
   a. Il dépend de l'Eternel des armées
   b. Il voit sa foi s'agrandir en sa présence.
2. Quelle est l'objet de la plus grande réjouissance du soldat?
   Qu'il affronte l'ennemi sur le champ de bataille
3. Qui est notre adversaire? Satan
4. A quoi Dieu donne-t-il la priorité dans nos batailles?
   A la Louange
5. Pourquoi? Il siège au milieu des louanges.
6. Que veut dire Juda? Louange
7. Quelle est l'attitude du soldat de Christ face à l'adversité?
   a. Il voit la victoire avant la bataille
   b. Il est sans crainte quand la terre est bouleversée
   c. Il se reconnait comme le cheval de bataille de l'Eternel. Il doit vaincre
   d. Il dédaigne les aventures trop faciles.
   e. Il s'exerce au combat
8. Qu'est-ce que Dieu fait pour nous préparer au combat?
   Il nous rend faible entre ses mains

Leçon 11   Fête de la Bible
Où la Bible et la Science se donnent la main

Textes pour la préparation: Ge.1:9; 2:19-21; 7:18-21; 8:3; 10:25; 19:24-25; 2Roi.4:34-37; Ps.90:10; Mc.8:23-26; Jn.9: 6-7; 2Pi.3:7

Versets à lire en classe : Ge.7:17-24

Verset de mémoire: Les choses cachées sont à l'Eternel, notre Dieu; les choses révélées sont à nous et à nos enfants, à perpétuité afin que nous mettions en pratique toutes les paroles de cette loi. **De.29:29**

Méthodes : discours, comparaisons, questions

But: Montrer comment La Bible confirme la science

Introduction

Au moment où la Science émerge de l'empirisme, la Bible avait déjà, d'une manière embryonnaire, mit en lumière la condition de l'homme sur la planète. Nous allons donc démontrer qu'elle n'est pas un livre de Science mais qu'elle la confirme.

I. Au point de vue géographique

1. La Bible déclare qu'au commencement, il n'y avait qu'une seule terre et une seule mer. Par conséquent, les continents n'existaient pas encore! Ge.1:9
    a. Durant cette période, Adam aurait pu explorer la planète d'un bout à l'autre, pour aller et donner des noms à toutes choses et aux animaux. Ge.2: 19-20.
    b. Ainsi Adam connaissait les territoires appelés aujourd'hui Afrique, Amérique. En effet, si Satan a pu parcourir la terre et de s'y promener, à plus forte raison, Adam dont la vocation était de la dominer et d'en faire rapport à Dieu, son patron.

c. Les animaux paléontologiques[70] auraient pu traverser tout le globe, si on se réfère aux fouilles archéologiques. Les restes des Sauriens sont vus partout.
2. Combien de temps cela a-t-il durée? Sans doute des millions d'années

Mais qu'arrive-t-il après le Déluge Universel?
   a. Au Déluge, les eaux couvrirent les plus hautes montagnes jusqu'à une hauteur de quinze pieds pendant 150 jours. Ge.7:24
      Tout être vivant périt sauf les échantillons conservés par Noé, le capitaine du premier bateau. Ge.7:18-21
   b. On a pu expliquer la présence du sel gemme sur les hautes montagnes. On en a jusqu'à présent, après que les eaux eussent retournées à leur position initiale. Ge.8:3
   c. La Bible est muette sur la division de la planète en continents. Elle indique seulement que cet évènement eut lieu dans la période où Péleg, le fil d'Héber a pris naissance. Ge.10:25
      Il est facile de remarquer que l'Amérique et l'Afrique étaient unifiées. Ainsi en était-il pour les autres continents. La Science confirme cet incident géologique.
   d. Dans les ruines de Sodome et Gomorrhe, les archéologues ont pu découvrir d'abondantes mines de souffre et conclurent qu'ils viennent d'un cataclysme[71] naturel. Là encore, la Bible et la Science marchent de pair.

---

[70] Animal paléontologique   Animal aux époques avant le Déluge
[71] Cataclysme nm. Désastre

III. **Au point de vue médical.** Ge. 2:21
1. La Bible dit que Dieu jeta Adam dans un profond sommeil, en terme moderne, il lui appliqua une **anesthésie** générale. C'était dans le but de reproduire une autre personne. La Science confirme le procédé **d'anesthésie** avant toute intervention chirurgicale. Ge.2:21
2. Elisée pratique la respiration artificielle pour ranimer le fils de la Sunamite. La Science confirme cette méthode. Soit dit en passant, c'est le souffle de Dieu en Elisée qui a ressuscité ce jeune homme. 2Ro.4: 34-37
3. Comme oculiste Jésus fit d'abor
    a. une première évaluation pour l'aveugle de Bethsaïda. Mc. 8: 23
    b. Il lui fit une deuxième évaluation avant de lui donner son exeat. Mc. 8: 25-26
    c. Il fit de même pour l'aveugle-né. Il lui applique un premier traitement Jn.9: 6
    d. A la fin, il l'envoie se laver à la piscine de Siloé. Jn.9: 7

    Les ophtalmologistes[72], les oculistes[73], les optométristes[74] imitent le Seigneur. Ils prescrivent les verres seulement après la deuxième consultation.
4. La moyenne de longévité allait jusqu'à 80 ans. Les efforts de la Science la poussent jusqu'à 90 ans. Les centenaires sont des exceptions. La Bible et la Science se donnent la main ici sans se contredire. Ps. 90 : 10

Conclusion

Cependant, Dieu a prévu la disparition de la planète par le feu. Ici, la Science se tait. A bon entendeur, salut! 2Pi.3 :7

---

[72] Ophtalmologiste nm Oculiste

[73] Oculiste nm ophtalmologiste

[74] Optométriste nm. Méd. spécialiste pour détecter les anomalies de l'œil

Questions

1. Combien de continents y avait-il au départ?
   Aucun. Il y avait une seule mer et une seule terre.
2. Quand la terre fut-elle divisée en continents?
   Après le Déluge, un peu après la naissance de Péleg qui veut dire «divisé»
3. Comment peut-on croire qu'Adam avait foulé le sol de l'Amérique et des autres continents?
   Dieu lui avait commis de donner des noms aux animaux et aux choses. Tous n'étaient pas situés au même endroit. Adam devait voyager.
4. Pourquoi le Déluge était-il appelé Déluge universel?
   Toutes les hautes montagnes étaient couvertes jusqu'à une hauteur de quinze pieds pendant 150 jours.
5. Qu'en dit la Science? Elle l'approuve
6. Qui était le premier patient à recevoir l'anesthésie générale? Adam
7. Qui était, de mémoire d'homme, le premier patient sur lequel on a pratiqué la respiration artificielle? Le fils de la Sunamite
8. Comment cette opération a-t-elle lieu?
   Le souffle de Dieu dans le prophète l'a rendu possible
9. De qui les oculistes ont-ils appris à faire le traitement des yeux en deux temps? De Jésus-Christ.
10. Que dit la Science sur la fin de la planète terre? Rien jusqu'ici

Leçon 12 Nativité Quelle place réservez-vous à Jésus-Christ?

Textes pour la préparation: Ps.1:1-6; Mt. 27:32; Lu.2:1-20; Jn.1: 1-11; 15:4
Versets à lire en classe: Lu.2: 1-7
Verset de mémoire: Demeurez en moi et je demeurerai en vous. Comme le sarment ne peut de lui-même porter du fruit, s'il ne demeure attaché au cep, ainsi vous ne le pouvez non plus si vous ne demeurez en moi. **Jn.15:4**
Méthodes : discours, comparaisons, questions
But : Montrer l'avantage qu'on a à faire de la place pour Jésus dans son cœur.

Introduction
Si Jésus vient frapper soudainement à votre porte, où allez-vous le loger? En attendant votre réponse, voyons comment d'autres l'avaient accueilli.

I. **Accueil à Bethléem**
1. Puisque Joseph et Marie n'avaient pas de réservation et d'argent bien sûr pour retenir une chambre, l'hôtelier juif leur offrit une étable. Qui, à votre connaissance et de mémoire d'homme, avait été contraint à dormir parmi les bêtes? Jésus seul. Jésus le Fils de Dieu, le Maître de la planète. Lu. 2: 6-7
2. Le juif aime l'argent. C'était un jour de recensement où chacun devait se faire inscrire dans sa ville. Les hôtels étaient combles. D'après l'hôtelier, l'hôpital était l'endroit le plus approprié pour une cliente en mal d'enfant.
3. Depuis lors, nous comprenons comment Jésus était venu chez les siens et qu'il fut mal reçu. Jn.1: 11
4. Et pourtant, des anges viennent du ciel pour changer le cadre de sa naissance. Lu. 2 : 10, 13,15

II. **Accueil en Egypte**
1. Les Egyptiens l'ont accueilli pendant trois ans sept mois et vingt-et-un jours selon les égyptologues.
2. Nous verrons plus tard un maghrébin bien disposé à l'aider à porter sa croix. Il s'appelait Simon de Cyrène, originaire de l'Afrique du Nord. Mt.27 :32

III. Accueil dans notre société moderne
1. *Au tribunal.* Jésus, la Parole n'y est pas reçue parce que le Dieu de justice n'y est pas bienvenu.
2. *Dans les familles.* Jésus n'y a pas de place. On ne prie presque pas. Le culte de famille est négligé. Il est remplacé par la Télévision et l'internet.
   Certaines gens ne font pas de place pour lui au repas, dans les voyages, dans leurs affaires. Ils ne méditent pas la Parole de Dieu jour et nuit. Voilà l'origine de leurs échecs. Ps.1 : 1-3
3. *Dans nos entreprises.* On parle de la Noël comme d'une fête des enfants pour des échanges de cadeaux au nom de Jésus qui n'en reçoit pas. L'hôtelier de Bethléem administre encore nos maisons de commerces. Il vous dira « Bonne Fête» et non «Joyeux Noël.»

Conclusion
Les juifs ont rejeté le Messie. Ils ne prirent pas Jésus pour ce qu'il est. Par conséquent, ils mourront dans leur péché, dit Jésus. Jn.8:24 La question vous est retournée : Avez-vous au moins une petite place dans votre cœur pour Jésus? Si oui, il enverra des anges pour changer l'atmosphère de votre vie et de votre destinée. Entre-temps, la mort peut venir frapper à vos portes. Etes-vous prêt alors à l'accueillir sans Jésus?

Questions

1. Une question personnelle: Lequel des deux êtes-vous prêt à accueillir, Jésus ou la mort?
2. Pourquoi l'hôtelier de Bethléem ne pouvait-il offrir un logement décent au Seigneur?
   a. Marie et Joseph ne pouvaient pas payer.
   b. Un hôpital conviendrait mieux à Marie, vu son état de grossesse.
3. A qui avait-il refusé le logement sans le savoir?
   Au maitre de la planète
4. Qui, à son tour, vint le visiter? Une légion d'anges
5. Quelle était la participation des noirs dans la vie de Jésus-Christ?
   a. Il passa trois ans sept mois et vingt-et-un dans un pays noir sans être molesté.
   b. Un noir l'aida à porter sa croix sur la route du calvaire.
6. Quelle place est-elle accordée à Jésus dans notre société moderne? Il est refusé au Tribunal, dans les écoles, dans certaines familles et dans nos entreprises
7. Quel est le souhait des hôteliers modernes durant la saison de Noël? Bonne fête

Récapitulation des versets

1. L'Eternel lui dit : « Si quelqu'un tuait Caïn, Caïn serait vengé sept fois. Et l'Eternel mit un signe sur Caïn pour que quiconque le trouverait ne le tue point. Ge.4 :15

2. C'est ainsi qu'ils mettront mon nom sur les enfants d'Israël, et je les bénirai. No.6 :27

3. Car Dieu a tant aimé le monde, qu'il a donné son Fils unique, afin que quiconque croit en lui, ne périsse point, mais qu'il ait la vie éternelle. Jn.3 :16

4. Ce fut à Antioche que, pour la première fois, les disciples furent appelés chrétiens. Ac.11:26b

5. Que personne désormais ne me fasse de la peine, car je porte sur mon corps les marques de Jésus. Ga.6:17

6. C'est ici la sagesse. Que celui qui a de l'intelligence calcule le nombre de la bête. Car c'est un nombre d'homme, et son nombre est six-cent-soixante-six. Ap.13: 18

7. Et il fut donné d'animer l'image de la bête, afin que l'image de la bête parle, et qu'elle fasse que tous ceux qui n'adoraient pas l'image de la bête soient tués. Ap.13: 15

8. Et il fit que tous, petits et grands, riches et pauvres, libres et esclaves, reçoivent une marque sur leur main droite ou sur leur front, et que personne ne puisse acheter ni vendre, sans avoir la marque, le nom de la bête ou le nombre de son nom. Ap.13:16

9. Ne vous conformez pas au siècle présent, mais soyez transformés par le renouvellement de l'intelligence afin que vous discerniez quelle est la volonté de Dieu : ce qui est bon agréable et parfait. Ro.12:3

10. Le Dieu d'Israël donne à son peuple la force et la puissance. Béni soit Dieu! Ps.68: 36

11. Les choses cachées sont à l'Eternel, notre Dieu; les choses révélées sont à nous et à nos enfants, à perpétuité afin que nous mettions en pratique toutes les paroles de cette loi. De.29:29

12. Demeurez en moi et je demeurerai en vous. Comme le sarment ne peut de lui-même porter du fruit, s'il ne demeure attaché au cep, ainsi vous ne le pouvez non plus si vous ne demeurez en moi. Jn.15:4

Table des matières

Série 1 Mort Pour Les Péchés Non Pour Les Excuses	4
Avant-propos	5
Leçon 1 D'où partent les excuses ?	6
Leçon 2 Des excuses du bigot	9
Leçon 3 Des indécis	12
Leçon 4 Des fanatiques	15
Leçon 5 Des religieux hostiles	18
Leçon 6 Des chrétiens comme il faut	22
Leçon 7 Des bâtards intellectuels	25
Leçon 8 Des traditionalistes	28
Leçon 9 Des récalcitrants	31
Leçon 10 Des bigots aveugles	34
Leçon 11 Des matérialistes	37
Leçon 12 Les égarés	40
Récapitulation des versets	43
Série 2 La discipline de Jésus-Christ	45
Avant-propos	46
Leçon 1 Sa discipline dans les relations de famille	47
Leçon 2 Sa discipline à table	50
Leçon 3 Sa discipline dans le respect de l'heure	53
Leçon 4 Sa discipline dans le respect de la hiérarchie	56
Leçon 5 Sa discipline dans le travail	59
Leçon 6 Sa discipline dans son ministère sociale	62
Leçon 7 Sa discipline dans l'exercice des droits civiques	65

Leçon 8 Sa discipline dans son ministère prophétique	68
Leçon 9 Sa discipline dans son ministère eschatologique	72
Leçon 10 Sa discipline dans le sort de notre Planète	75
Leçon 11 L'implication de cette discipline	78
Leçon 12 Jésus, le Père Eternel	81
Récapitulation des versets	84
Torche 13 Série 3 Les six vases aux noces de Cana	86
Avant-propos	87
Leçon 1 Les noces de Cana. Ses implications prophétiques	88
Leçon 2 Le rôle de Marie dans ce mariage	91
Leçon 3 La raison d'être de Jésus dans ce mariage	94
Leçon 4 La raison d'être de Jésus dans ce mariage (suite)	97
Leçon 5 Le vase d'amour	100
Leçon 6 Le deuxième vase : le vase de la joie	103
Leçon 7 Le troisième vase: le vase de la paix	106
Leçon 8 Le quatrième vase : le vase de la sécurité	109
Leçon 9 Le cinquième vase: le vase de la beauté	112
Leçon 10 Le sixième vase : la beauté spirituelle	115
Leçon 11 Des vases qui ne peuvent contenir le bon vin	118
Leçon 12 La garantie d'un mariage heureux	122
Récapitulation des versets	125
Torche 13 Série 4 Les Marques De Jésus Et La Marque De La Bête	127
Avant-propos	128
Leçon 1 La marque de Caïn	129

Leçon 2 Les marques de Dieu sur les enfants d'Israël	132
Leçon 3 Les marques de Jésus	135
Leçon 4 Les marques du chrétien	138
Leçon 5 Les marques du chrétien (suite)	141
Leçon 6 La Bête	144
Leçon 7 La marque de la Bête	148
Leçon 8 La marque de la Bête (suite)	152
Leçon 9 Réformation Soyez transformés.	155
Leçon 10 Thanksgiving L'action de grâce du soldat de Jésus-Christ	158
Leçon 11 Fête de la Bible	162
Où la Bible et la Science se donnent la main	162
Leçon 12 Nativité Quelle place réservez-vous à Jésus Christ	166
Récapitulation des versets	169

Rev. Renaut Pierre-Louis

Esquisse Biographique

Pasteur de l'Eglise Baptiste à Saint Raphael,	1969
Diplômé du Séminaire théologique Baptiste d'Haïti,	1970
Diplômé de l'Ecole de Commerce Julien Craan,	1972
Professeur de langues vivantes au Collège Pratique du Nord au Cap-Haitien,	1972
Pasteur de la Première Eglise Baptiste au Cap-Haitien,	1972
Pasteur de l'Eglise Baptiste Redford, Cité Sainte Philomène,	1976
Diplômé de l'Ecole de Droit du Cap-Haitien,	1979
Fondateur du Collège Redford et de l'Ecole Professionnelle ESVOTEC,	1980
Pasteur de l'Eglise Baptiste Emmaüs à Fort Lauderdale	1994
Pasteur de l'Eglise Baptiste Péniel à Fort Lauderdale	1996

Pasteur militant pendant quarante-six ans, avocat, poète, écrivain, dramaturge

Ce serviteur du Seigneur vous revient aujourd'hui avec "La Torche Triomphante", un ouvrage didactique de haute portée théologique et qui soit capable de révolutionner le système d'enseignement dans nos Écoles Du Dimanche, et dans la présentation du message de l'Evangile.

Pasteurs de recherche, prédicateurs de réveil, moniteurs de carrière, chrétiens éveillés, prenez "La Torche" et passez-la.

2 Tim. 2:2

www.ingramcontent.com/pod-product-compliance
Lightning Source LLC
Chambersburg PA
CBHW071624080526
44588CB00010B/1253